Karin Ceballos Betancur

Auf Che Guevaras Spuren

Lateinamerikanische Reisenotizen

Karin Ceballos Betancur

Auf Che Guevaras Spuren
Lateinamerikanische Reisenotizen

Picus Reportagen

Picus Verlag Wien

Grafische Gestaltung: Dorothea Löcker, Wien
Umschlagabbildung: Foto © AFP
Druck und Verarbeitung: Remaprint, Wien
ISBN 3-85452-772-1

Inhalt

Vorwort
»Damit wir uns verstehen«

Am 29. Dezember 1951 brachen Ernesto Guevara de la Serna und sein Freund Alberto Granado zu einer Reise auf, die sie quer durch Lateinamerika führte – Argentinien, Chile, Peru, Kolumbien und Venezuela. Die Jungs verließen Córdoba auf dem Rücken der Poderosa II, einer alten 500er Norton, die in Santiago de Chile den Geist aufgab, und erreichten Carácas per Anhalter sieben Monate und 12.485 Kilometer später.

»Es war ihm wichtig, gründlich die Bedürfnisse der Armen kennen zu lernen, und er wusste, dass er dazu viele Wege und Straßen zurücklegen musste, aber nicht als einfacher Tourist, sondern auf seine Weise«, schreibt sein Vater Ernesto Guevara Lynch im Vorwort zum Reisebericht »Notas de Viaje« (deutsch »Latinoamericana«). »Wenn er unterwegs Halt machte, tat er das nicht, um Sehenswürdigkeiten oder schöne Landschaften zu fotografieren, sondern um das menschliche Elend in sich aufzunehmen, das ihm auf Schritt und Tritt begegnete, und die Ursachen des Elends zu erforschen.« Zurück in Argentinien stellte Ernesto fest: »Dieses ziellose Streifen durch unser riesiges Amerika hat mich stärker verändert, als ich glaubte.« Er war damals 24 Jahre alt.

Ob der junge Medizinstudent im Dezember 1951 nach Abenteuern oder Antworten suchte, spielt keine Rolle. Fest steht, dass die Eindrücke der Reise zu Lektionen der Bildung des sozialen und politischen Bewusstseins eines Menschen gerieten, der zu den wichtigsten Akteuren des 20. Jahrhunderts zählt.

Der älteste Sohn von Ernesto Guevara Lynch und

Celia de la Serna Llosa wurde am 14. Juni 1928 in Rosario geboren und wuchs in Alta Gracia, im bergigen Norden Argentiniens auf. Nach der Motorradreise mit Alberto Granado beendete er sein Medizinstudium in Buenos Aires, um im Juli 1953 erneut loszuziehen. Ursprünglich sollte auch die zweite große Reise in der venezolanischen Hauptstadt enden, aber es kam anders. Über Bolivien, Peru, Ecuador, Panamá, Costa Rica und Nicaragua gelangte Ernesto im Dezember nach Guatemala. Ein halbes Jahr später, nach einem von den USA massiv unterstützten Putsch gegen den guatemaltekischen Präsidenten Jacobo Arbenz, musste er das Land verlassen und ging nach Mexiko. In der Hauptstadt lernte er im Juli 1955 den jungen Anführer der Exilkubaner Fidel Castro kennen und schloss sich den Rebellen an.

Der Kampf in der Sierra Maestra dauert zwei Jahre. Im Juni 1957 wird Ernesto Guevara, den die *Compañeros* »Che« nennen, in den Rang eines *Comandante* erhoben. Im Februar 1959, nach dem Sieg der Revolution, wird ihm die kubanische Staatsbürgerschaft verliehen. Der *Comandante* Che Guevara arbeitet als Präsident der Nationalbank, als Industrieminister und veröffentlicht zahlreiche Bücher. Im April 1965 verlässt er Kuba unter falscher Identität, um eine geheime Mission im Kongo zu leiten. Sechs Monate später verliest Castro in Havanna öffentlich Ches Abschiedsbrief, in dem er seinen Rücktritt von allen Ämtern und den Verzicht auf seine Titel erklärt.

Die afrikanische Mission scheitert. Im Juli 1966 kehrt Che Guevara heimlich nach Kuba zurück, um einen neuen Guerilla-Feldzug vorzubereiten. Am 3. November erreicht er Bolivien. Kaum ein Jahr später nehmen Regierungssoldaten die geschwächten Rebellen in der Schlucht Quebrada del Churo gefangen. Am 9. Oktober 1967 wird Ernesto Che Guevara auf Befehl der bolivianischen Regierung in der Schule von La Higuera erschossen.

Die »Notas de Viaje« sind kein Tagebuch im engeren Sinn. Ernesto hat den Reisebericht erst später, nach seiner Rückkehr nach Argentinien, auf Grundlage seiner Notizen verfasst. Weil er sich aber auch bei der Bearbeitung um einen Diarienstil bemüht hat, wird das Buch im Folgenden dennoch als Tagebuch bezeichnet. Die Reisememoiren seines Freundes Alberto Granado »Mit Che durch Südamerika« sind erst viele Jahre später in Kuba entstanden.

Meine Spurensuche beginnt fünfzig Jahre später in Córdoba, führt durch Argentinien, Chile, Peru, Kolumbien, Venezuela und endet in Kuba. Wo ich Menschen finden konnte, die sich an den 24 Jahre alten Medizinstudenten Ernesto Guevara de la Serna erinnern, habe ich mit ihnen gesprochen, auch mit denen, die Che, dem Revolutionär, eine wichtige Rolle in ihrem Leben zuweisen. Im Zentrum meines Interesses jedoch stand die Frage, wie sich die politischen und sozialen Verhältnisse entlang der historischen Route im Laufe eines halben Jahrhunderts verändert haben, die Realität eines Kontinents, der an die Peripherie westlicher Wahrnehmungswelten gerückt ist, seit subtilere Unterdrückungsmechanismen an die Stelle brutaler Diktaturen getreten sind. Die »Notas de Viaje« sind deshalb keine leere Reiseschablone, sondern bestimmen die Perspektive.

Im ersten Kapitel seines Buches schreibt Ernesto: »Dies ist kein Bericht von beeindruckenden Ruhmestaten« – der vorliegende ist es noch weniger. Mehr noch: Dass ich keinen Motorradführerschein besitze und deshalb mit Bus, Schiff und Flugzeug reisen musste, habe ich anfangs oft bedauert. Seit ich peruanische Andenpässe kenne, danke ich Gott (oder Marx oder Cortázar oder Mafalda, jedenfalls irgendeiner Glück verheißenden Instanz) dafür auf Knien.

Córdoba

Am Freitagabend liegt Córdoba auf der Sierra wie eine Kruste aus Licht, die im Anflug funkelt. In der Innenstadt leiten Polizisten den Autoverkehr um das Zentrum, von wo aus die metallische Brandung eines *Cacerolazos* bis hinter die Absperrungen schwappt. Der Taxifahrer nimmt Seitenstraßen, fährt durch Wohngegenden. An den Kreuzungen stehen Menschen in der warmen Januarnachtluft und klappern mit Schlüsseln zu Häusern, die heute noch ihnen gehören, obwohl viele die Mieten und Kredite längst nicht mehr bezahlen können. Vorbeifahrenden lächeln sie in die offenen Autofenster. Ihre Gesten wirken feierlich, manchmal ausgelassen. Protest als Fest.

Im ganzen Land demonstrieren die Argentinier seit Wochen Töpfe schlagend gegen ihre korrupten Politiker, gegen die neoliberale Politik des Internationalen Währungsfonds und das Einfrieren ihrer Bankguthaben – ein Notstandsgesetz, das im vergangenen Dezember erlassen wurde. Wenige Tage später musste Präsident Fernando de la Rúa im Hubschrauber aus der Casa Rosada fliehen, begleitet vom wütenden Trommeln der Löffel und Kellen auf der Plaza de Mayo. Sein Nachfolger, Adolfo Rodríguez Saá, trat nach einer Woche im Amt zurück.

Argentiniens Bilanz für das Jahr 2001 sind vier Präsidenten, vier Wirtschaftsminister und 141 Milliarden Dollar Schulden. Wie einen schwarzen Peter trug der Vorsitzende des Abgeordnetenhauses die blau-weiße Präsidentenschärpe ins neue Jahr; seit Anfang Januar regiert Nummer fünf, der Peronist Eduardo Duhalde. Geändert hat sich wenig. Der wiederholte Sturm der Elenden auf Supermärkte und Lastwagenfrachten entbehrt des symbolischen Mehrwerts der *Cacerolazos*, er gerät zur Notwendigkeit in einem Land, in dem 14 Millionen Menschen unterhalb der Armutsgrenze und zwanzig Prozent der Bevölkerung ohne Arbeit leben. In den Straßen verbrennen Aufständische Pappmachéköpfe von Lokalpolitikern. Sprechchöre singen: »Que se vayan todos« – Sie sollen alle gehen.

Córdoba, mit drei Millionen Einwohnern in der Region die zweitgrößte Stadt Argentiniens, markiert die geografische Mitte des Landes zwischen Anden und Atlantikküste. Im kolonialen Schachbrettmuster umschließen die Straßen die Plaza San Martín, das Zentrum, wo zu anderen Zeiten andere Cordobesen gegen die Willkür anderer Regierungen demonstriert haben. 1943 richtete sich der Protest gegen die Repression unter General Pedro Ramírez. Einer der festgenommenen Studenten war der damals 21-jährige Alberto Granado. In seinem Reisetagebuch »Mit Che durch Südamerika« erinnert er sich an einen Besuch seines Freundes Ernesto Guevara de la Serna im Gefängnis, bei dem er ihn darum bat, eine Demonstration zur Freilassung der Inhaftierten zu organisieren. »Ohne Waffen auf die Straße gehen, damit sie uns zusammenschießen?«, habe Ernesto erwidert. »Das ist verrückt. Ich gehe nur, wenn ich einen Revolver habe.« Er war damals 15 Jahre alt.

Seine Freunde in Córdoba nannten ihn »Fúser«, abgeleitet aus den Anfangsbuchstaben eines Schlachtrufs, mit dem er sich bei Rugbyspielen auf den Ball gestürzt haben soll: »Aquí va el furibundo Serna« – Hier kommt der rasende Serna. Mit dem Spitznamen »Chancho« (Schwein) spielten sie auf seine durchaus kokette Nachlässigkeit in Sachen Kleidung und Körperhygiene an, die er über jene Tage hinaus bewahrte, als sich vom Ruf »Che!« noch alle Spieler seiner Rugby-Mannschaft angesprochen gefühlt hätten – Argentinier neigen dazu, jeden zweiten Satz mit dem umgangssprachlichen Ausdruck für Freund, Kumpel zu beenden. Allen Übrigen stellen sie ihn voran.

1932, vier Jahre nach Ernestos Geburt, zog die Familie des schwer asthmakranken Jungen von Buenos Aires nach Córdoba, der frischen, trockenen Bergluft wegen. Der Haupteingang des Gebäudes an der Plaza San Martín, wo die Guevaras zunächst mehrere Monate lang logierten, trägt noch immer den Schriftzug »Hotel Plaza«, auch wenn er heute zu einem Altenheim führt, dessen Bewohner sich auf Gehstöcke gestützt durch das Foyer bewegen und langsam, wie durch Wasser gehen. An der Wand fordert der Papst auf einem Plakat Respekt für die Alten, neben ihm präsentieren collagierte Zeitschriftenausschnitte junge, lachende Familien. Der bröckelnde Putz an der Decke mag als sozialer Indikator für den Lebensstandard der Bewohner dienen, in Kuba spräche man von morbidem Charme.

Eine 91 Jahre alte Frau mit Blumenkleid, deren verpflasterte Füße gegen die schmalen Riemen ihrer Sandalen drücken, sagt, sie freue sich auf Mittwoch. »Mittwoch«, sagt sie, »gibt es Kartoffeln«. Córdoba sei schon immer eine aufständische Provinz gewesen, fügt sie übergangslos hinzu, und die Deutschen tolle Leute, alles Erfinder. Hinter ihrem Rücken bleibt der Aufzug stehen, innen rüttelt jemand schwach an der Metallfalttür. Sie seien fünfzig Leute im Altenheim, sagt die 91-Jährige. »Alle alt.«

Nebenan im Café del Plaza, das halb so mondän wirkt wie sein Name, lästert Mili, die Kellnerin, über den Umgang mit Ches Andenken. »Argentinien ist ein geschichtsloses Land, eines, das schnell vergisst. Und die *pequeños burgueses* der Linken, die kleinen Bourgeois, führen ein Leben in Wohlstand.« Ich komme auf Ernestos familiären Hintergrund zu sprechen, seine Mutter, Celia de la Serna, Tochter aus ebenso wohlhabendem wie gutem Hause, seinen Vater, Ernesto Guevara Lynch, Nachkomme europäischer Adliger. »Mag sein«, sagt Mili, »aber wenn Che ein *pequeño burgues* war, dann sind es die Linken von heute zweimal«.

Córdoba stirbt, wenn die Geschäfte an der Plaza San Martín mittags ihre Rollgitter herunterlassen. Auf den Bänken der Fußgängerzonen sitzen Passanten reglos im Schatten der Blätterdächer, bis die Stadt drei Stunden später zu neuem trägen Leben erwacht. Am Nachmittag, der auf der Haut klebt wie Sonnenöl, kurven Autos mit Surfbrettern auf den Dächern durch die Straßen, und Jugendliche laufen in Hawaiishorts durch den Park. Ein Junge mit braunen Schneidezähnen sammelt Geld für die *Mesa de los chicos de la calle*, den Mittagstisch der Straßenkinder von Córdoba, und verkauft Obdachlosenzeitungen. Zahlreiche solcher *Comedores*, Essensausgabestellen, gibt es in der Stadt, einige haben sich selbst organisiert, andere finanzieren sich mit Unterstützung karitativer Initiativen aus dem Ausland. Banken blenden mit ihren Fensterscheiben, in denen sich die Pferdekutschen der Altpapiersammler spiegeln. Ornamente tropfen bewegungslos von Balkonen im Kolonialstil, während hinter den Sechzigerjahre-Fassaden der Seitenstraßen viele Wohnungen zum Verkauf stehen.

Diego, der Sohn der früheren Besitzerin des Hotel Plaza, betreibt einen Zigarrenladen neben dem Altenheim. Manchmal senkt er die Stimme und erzählt Menschen, die er zum Zuhören auserkoren hat, dass Fidel Che auf dem Gewissen hat. Dann bläst er eine Rauchpause in den Raum. Stößt er mit seiner Theorie auf Widerwillen, richtet er sich im Stuhl auf, verzieht das Gesicht und wendet sich gekränkt ab.

Das zweistöckige Wohnhaus an der Calle Chile 288 trägt ein Schild mit dem Namen »Abogado Gustavo A. Rodriguez Leguzamon«. Der Rechtsanwalt ist nicht zu Hause. Handwerker pfeifen vom Gerüst einer gegenüberliegenden Baustelle. Die Polizisten, die eine Straßenecke weiter die Auffahrt zur Residenz des Gouverneurs von Córdoba kontrollieren, wissen nichts davon, dass die Familie Guevara, »Ches Familie«, in der Calle Chile 288 gelebt hat. Der Wachmann schüttelt den Kopf und sieht dabei aus, als fühle er sich ertappt. Junge Mädchen, die ein paar Meter weiter hinter bauchigen Bäumen zur Schule gehen, wiederholen die Geste, bevor sie die Augenbrauen heben: »Nein, echt? Der Che?« Auf dem Tisch eines Cafés liegt eine argentinische Tageszeitung mit aufgeschlagenem Titel: »Außenminister bezeichnet Kuba bei US-Staatsbesuch als letzte Diktatur Amerikas«.

Die Idee war an einem Oktobermorgen entstanden, unter dem Weindach des Hauses der Familie Granado. Ernesto schreibt in seinem Tagebuch, sein Medizinstudium in der Hauptstadt habe ihn damals gelangweilt. Alberto hatte kurz zuvor seinen Job im Sanatorium für Leprakranke verloren.

Der Plan, mit einer rachitischen Norton zwischen vier Beinen die Welt kennen zu lernen, war ähnlich vermessen, als hätten die jungen Männer beschlossen, auf leeren Mate-Kalabassen balancierend den Atlantik zu überqueren. Im Dezember 1951 brachen sie auf – und kollidierten in der ersten Kurve ihrer Reise beinahe mit einer Straßenbahn. »Die *Tranvía* fuhr früher hier die Straße rauf«, sagt der Taxifahrer, unterwegs auf der Calle Roma, deren Asphalt keinerlei Schienenspuren mehr trägt. »Das ist mindestens 30, 35 Jahre her.« Er sagt, er sei Jahrgang 1951.

Vom Italienischen Krankenhaus blättert der rostrote Anstrich. Gegenüber in der Optica Guillén sucht Florentino Ferreyra nach dem Kaufvertrag für das Grundstück 535 – neun mal vierzig Meter, der Hinterhof sei inzwischen weitgehend bebaut. Er habe das Haus vor drei Jahren über einen Notar gekauft.

Als Eigentümer weist das Schriftstück die drei Brüder Granado aus. »Wir hatten keinen direkten Kontakt zu diesem Mann, Alberto«, sagt Ferreyra. »Er war nur einmal kurz hier, um zu sehen, was aus dem Haus geworden ist. Wir haben kaum zwei Worte miteinander gewechselt.«

Ferreyra und der Notar saßen bereits zusammen in der Bank und warteten darauf, die Transaktion abschließen zu können, als letzterer beiläufig erwähnte, dass Ernesto Che Guevara seine erste Reise durch Südamerika vor der Tür begonnen hatte, die jetzt Ferreyras neuer Hauseingang werden sollte. »Ich sagte: ›Ach, sieh mal an.‹ Das war's. Für uns war das Grundstück interessant, weil es gegenüber der Klinik liegt. Es gab keinen anderen Grund für den Kauf.« Für Touristen, sagt Ferreyra, sei sein Geschäft als Pilgerstätte uninteressant, er habe ohnehin das meiste umgebaut. Der Optiker schreit gegen das Kreischen einer Kreissäge im Nebenraum an; die Renovierungsarbeiten sind noch nicht ganz abgeschlossen. Manchmal liegen Briefe für Timoteo Granado im Briefkasten, Albertos verstorbenen Vater.

Der Freitags-*Cacerolazo* beginnt am Patio Olmos, seit einigen Jahren traditioneller Ausgangspunkt für cordobesische Demonstrationen. Der luxussanierte Bau bietet sich an, um gegen die sozialen Kollateralschäden herrschender Wirtschaftskonzepte zu demonstrieren: Früher diente das Gebäude als öffentliche Schule, heute als hochpreisiges Einkaufszentrum. Es heißt, die Schaufensterscheiben seien schon mehrfach ausgewechselt worden.

Hunderte von Topfdeckeln, Blechdosen, Tassen, Schlüsselanhängern an Laternenmasten, Plastikwannen und Flaschen, die Instrumente der Wut fügen sich zu einem rhythmischen Konzert, das in die letzten Winkel der Innenstadt dringt wie das verführerische Lied aufständischer Sirenen. Der Umzug zur Stadtverwaltung, die im Dezember von Demonstranten gestürmt wurde, verläuft mit der Gelassenheit eines Familienausflugs: alte Leute, junge Paare mit Kleinkindern, die auf den Armen ihrer Eltern einschlafen, auf Schultern sitzen und blau-weiße Fahnen schwenken, selbst auf Dosen schlagen, meist in einem etwas anarchischeren Takt.

»Die Armut hat in Córdoba während der vergangenen Jahre stark zugenommen«, sagt Nidia, die an der Universität angehenden Journalisten soziologische Grundlagen vermittelt und mit Frankfurt Schule statt Würstchen assoziiert. Die *Cacerolazos* seien am Anfang innerhalb der Linken umstritten gewesen, wegen der starken Beteiligung des Mittelstands, dem nicht an der Veränderung der Verhältnisse gelegen sei, der morgen zu Hause bleiben würde, sollte die Sperrung der Bankkonten aufgehoben werden. Nidia erzählt von der Übereinkunft, bei den Demonstrationen keine Parteiabzeichen zu tragen, um nicht den Konsens zu gefährden, von dem die *Cacerolazos* leben. »Natürlich«, sagt sie, »man hat ein merkwürdiges Gefühl dabei, aber das ist egal.«

Niemand habe damit gerechnet, dass die zersplitterte argentinische Linke zu einer solchen gemeinsamen Aktion überhaupt fähig sei, und sei es nur als taktisches Bündnis, »nachdem das nicht mal bei Wahlen klappt – wo du drei Linke hast, hast du vier Listen«. Professoren an den Universitäten, sagt sie, überdenken seit Dezember ihre bisherigen Theorien und Analysen neu. Nidia zeigt auf eine blauweiße Fahne mit schwarzem Che-Konterfei, die im Laternenlicht über den Köpfen weht. »Letzte Woche stand da noch ein Parteiname drunter, offenbar haben sie ihn abgeschnitten.«

Vor einem hässlichen Kastenbau gegenüber dem Justizpalast kommt der Zug zum Stehen. Polizisten stehen wie Zaunpfähle auf dem Mauervorsprung der Stadtverwaltung, vermummt, hinter Plastikschilden. Die Schläge der Löffel und Kellen steigern sich zum pausenlosen Wirbel, der langsam zur Ruhe kommt, als irgendjemand anfängt die Nationalhymne zu singen. Später laufen wir zurück zum Auto, das Nidia in einer Seitenstraße geparkt hat, wechseln die Schuhe und gehen Tango tanzen.

Alta Gracia, 39 Kilometer südwestlich von Córdoba an der Ruta 5 zwischen Sierra Chica und Sierra Grande gelegen, gilt als Davos Argentiniens. Patienten mit chronischen Atemwegserkrankungen reisen zur Behandlung ihres Leidens in den Valle de Calamuchita; wer es sich leisten kann, nimmt sich mehr Zeit, um unter Einwirkung des hohen Ozongehalts und der leicht radioaktiven Hintergrundstrahlung zu genesen. Die Familie Guevara lebte in wechselnden, jeweils angemieteten Häusern in Alta Gracia, bis Ernesto 1943 mit 15 Jahren an die höhere Schule in Córdoba wechseln musste.

Honigfarbene Holzdielen schließen an Kacheln im Innenhof, wo ein bemüht drapierter Rasenmäher auf einem Grasstück rostet, daneben Küche, Dienstmädchenzimmer, drinnen Vitrinen mit Bildern und Briefmarken vor hellgelb gestrichenen Wänden, gerahmte Fotos und Briefe.

An einer Wand des Zimmers, in dem früher Ernestos Bett stand, neben Büchern und Karten mit Fähnchen, die Gefechte des Spanischen Bürgerkriegs rekonstruieren, hängt ein etwa sechs Quadratmeter großes Kinderbild, die Ausschnittvergrößerung eines Familienfotos am Swimmingpool des Hotel Sierra von 1936, daneben in Schreibschrift ein Satz aus Kreide: »Männer, die Geschichte machen, sind jene, die den Idealen ihrer Jugend treu bleiben.« Von denen ist in der Villa Nydia an der Avellaneda 401 allerdings nicht viel zu spüren. Das Museum, vor knapp sechs Monaten eröffnet, setzt ganz auf den ehrfürchtigen Schauder, den räumliche Kongruenzen über historische Gräben hinweg zu evozieren vermögen, und vermittelt ein gänzlich ästhetisiertes Bild des späteren Revolutionärs. Dass es Ernestito war, der über die Dielen gesprungen ist, macht es leicht, das politische Denken Che Guevaras in der Ausstellung weitgehend auszusparen.

»Wir sind konsterniert, wütend … Wie sehr wir dich heute bräuchten, *Comandante*!!«, hat eine Silvia am 23. Dezember ins Besucherbuch am Eingang geschrieben. Fedra schwärmt: »Es war wunderbar, auf seinen Spuren zu wandeln.« Vicky mag Che und Britney Spears und anonym bleibt der Eintrag: »Wenn Che leben würde, wäre er angewidert von diesen Hurensöhnen, die sich an dem, was sein Leben war, bereichern. Das hier hat nichts mit seinem Kampf zu tun. Das hier ist Geschäftemacherei. Wenn er davon wüsste, würde er sich im Grab umdrehen. Sie sagen nichts über den wahren Che, nur das, was ihnen genehm ist. *Hasta siempre Comandante*.«

Eine Straßenecke weiter steht das Haus, in dem früher Carlos Figueroa wohnte, Carlitos, ein enger Freund Ernestos aus Kindertagen. Nachdem niemand auf meine Rufe vom Gartentor aus reagiert, stoße ich die Pforte auf und trete auf die Terrasse. Die Klingel am Haus funktioniert nicht. Als Alberto Figueroa mich bemerkt, öffnet er die Eingangstür und bittet mich herein. Sein Vater, sagt er, sei Immobilienmakler, lebe seit Jahren in Buenos Aires und komme nur noch selten nach Alta Gracia. Seine Tochter stolpert in Windeln vom Wohnzimmer auf die Terrasse, während Alberto barfuß über den Holzboden läuft und nach der genauen Anschrift seines Vaters sucht. Carlos sei nicht nur ein Freund, sondern auch ein großer Bewunderer Ches, sagt er. »Ruf ihn an und sag schöne Grüße von mir. Er wird sich mit dir treffen.«

Ein anderer Jugendfreund, Enrique Martín, ist nicht zu Hause. Auf der gegenüberliegenden Straßenseite spielen Jungen auf einer Wiese mit verdorrtem Gras Fußball. Sie grüßen, als ich vorbeigehe. Einer von ihnen ist deutlich schmächtiger und jünger als die anderen, und ich betrachte ihn länger, als ich schmächtige Fußball spielende Jungs an anderen Orten betrachtet hätte.

Ernestos Vater hat später über die Asthmaanfälle seines Sohnes berichtet, darüber, wie der Neunjährige erst dann mit dem Finger auf seinen Mund deutete und sich Sauerstoff verabreichen ließ, wenn sein kleiner Körper im Bett schon dunkelrot angelaufen war und er nicht mehr sprechen konnte. Er wollte sich nicht an die Medizin gewöhnen, schreibt sein Vater, er wollte sich abhärten. Mit der gleichen eisernen Selbstdisziplin, dem gleichen trotzigen Aufbegehren gegen seine verminderten körperlichen Kräfte spielte Ernesto Rugby, begab sich auf abenteuerliche Touren durch die Anden und brach schließlich mit seinem Freund Alberto zu einer Reise auf, vor der viele gesunde junge Männer seines Alters zurückgeschreckt wären. Mögen auch manche der Anekdoten über seine Kindheit in Argentinien erfunden sein, so bringen sie dennoch einige der Charakterzüge zum Ausdruck, die später selbst seinen politischen Gegnern Respekt abverlangt haben.

»Ich erinnere mich sehr gut an ihn, an viele Kinder von damals«, sagt Elba Rossi de Ovieda Zelaya. »Es gab keinen Unterschied zwischen ihm und seinen Klassenkameraden, nichts, was mich glauben ließ: ›Dieser da wird ein Anführer sein.‹ Er war nur besser angezogen als die anderen.«

Die Tür an der Calle Agustín Aguirre öffnet sich auf mein Klingeln einen Spalt breit, hinter der vorgelegten Kette erscheint das Gesicht einer alten Frau. Nachdem ich gesagt habe, wer ich bin und was ich will, lässt mich Elba Rossi eintreten. Sie löscht das Feuer auf dem Herd in der Küche, dann setzt sie sich im Wohnzimmer zu mir aufs Sofa. Als Ernesto Guevara de la Serna als neuer Schüler in ihre zweite

Grundschulklasse am Colegio Manuel Solares kam, war sie 22 Jahre alt. Heute ist sie 87.

»Damals gab es drei Autos in Alta Gracia und eines davon gehörte den Guevaras. Seine Mutter brachte die Kinder damit immer zur Schule, eine sehr elegante Frau, die Erste, die ich hier in Hosen gesehen habe. Sie hat an unserer Schule die Schulmilch eingeführt – wir hatten viele Bauernkinder aus einfachen Verhältnissen in den Klassen. Ernesto hat sich nie wichtig gemacht, er hat mit allen gespielt. Er war ein kleiner Junge, aber dynamisch und sehr aktiv. Er wirkte auf mich nicht krank.«

Ihre Augen sind zweifarbig, innen braun, eingefasst von blassblauen Ringen. Sie spricht lebendig, mit weiten Gesten und bewegten Gesichtszügen, obwohl sie die Geschichte dieses Schülers, der war wie alle anderen, schon so vielen Journalisten erzählen musste. Seit ihr Mann gestorben ist, lebt sie allein mit ihrer Schildkröte, die sie vor sechzig Jahren mitgenommen hat, als sie zu Hause auszog, »und damals war sie schon ein paar Jahre alt«. Elba Rossi schließt die Tür zum Garten. Damit die Schildkröte nicht reinkommt, sagt sie, weil sie Besuchern, die Sandalen tragen, manchmal in die Zehen beißt.

Ihr Vater war Sozialist und ließ oft Leute in ihrem Garten oder in der Kammer schlafen, Lungenkranke, die wegen der guten Luft nach Alta Gracia kamen und sich kein Hotelzimmer leisten konnten. Ihre Mutter bewunderte Fidel Castro. »Sie war Spanierin und ein bisschen rebellisch.« Elba kichert. Sich selbst bezeichnet sie als demokratisch, bevor sie anfängt auf die Politiker zu schimpfen, die das reiche Argentinien heruntergewirtschaftet haben, und Castro lobt, Kuba, wo die Menschen zwar in einfachen Verhältnissen leben, aber keinen Hunger leiden. Sie weiß das aus Büchern. Man hat die Grundschullehrerin des *Guerrillero Heroico* mehrfach nach Havanna eingeladen. Hingefahren ist sie nie.

Als die Zeitungen begannen über die Aufständischen in der kubanischen Sierra Maestra zu berichten, fing sie an Zeitungsausschnitte zu sammeln. Sie glaubt, dass Che heute für die Armen in Argentinien kämpfen würde, wäre er noch am Leben. »Er war sehr demokratisch. Und obwohl er aus einer wohlhabenden Familie stammte, hat er ein sehr schwieriges Leben gewählt. Er war ein Mann, der kämpfte, weil er das Unrecht empfunden hat.« Elba sagt, sie gebe die Hoffnung nicht auf, dass sich die Verhältnisse verbessern könnten, »nicht für mich, ich bin zu alt, aber für die Jugend«.

Rosario

Der Bus hat Córdoba nach Mitternacht verlassen. Um kurz vor sechs, vierhundert Kilometer weiter, im Südosten, hält er am nächsten Morgen vor dem Bus-Terminal Rosario. Die 54 Jahre alte Großmutter ist unterwegs ausgestiegen, irgendwann in der Nacht. Vielleicht ist das Kind schon da. Sie wollte zu ihrer Tochter aufs Land fahren, um bei der Geburt zu helfen. Ihr drittes Enkelkind, die Großmutter hofft auf ein Mädchen. Der Arzt hat gesagt, dass es ein Junge wird, aber davon will sie nichts hören, deshalb hat sie seitdem nicht mehr bei ihrer Tochter angerufen. Ihr Besuch ist eine Überraschung.

In Rosario wird es langsam hell. Ladenbesitzer spritzen die schmutzigen Nachtpfützen vor ihren Türen mit Gartenschläuchen vom Trottoir. In einem Lokal im Bus-Terminal läuft eine Wiederholung der holländischen Hochzeit. »El casamiento de Máxima« – argentinische Bürgerliche heiratet niederländischen Prinzen. Máximas Vater, Ex-Minister der Diktatur, durfte nicht an der Zeremonie teilnehmen, trotzdem ziehen die Medien das Märchen von glücklicher Braut und ergriffenem Volk durch. Der Fernseher hängt dicht unter der Decke, drei der Stühle vor den festgeschraubten Tischen, die aussehen wie klobige Gehhilfen, sind besetzt. In Holland lachen sie und winken. Unten drunter ist der Kaffee löslich und lauwarm und die Ellbogen der Gäste kleben an den Resopalplatten fest.

Die Großmutter hatte schon auf ihrem Platz im Bus gesessen, bevor das Licht ausging und die Passagiere über die Treppe unters Dach des Doppeldeckers stiegen. »Wenn du schlafen willst, musst du Bescheid sagen«, sagte sie und drehte ihren Kopf zur

Seite. Der Monitor über ihr, auf dem ein Film über New York mit WTC in der Skyline lief, erhellte schwach ihr Gesicht. Sie erzählte von einem Damm in der Nähe von Córdoba. Japaner wollten vor ein paar Jahren den Schlamm vom Grund des Gewässers, das er begrenzt, kaufen, wegen irgendeines Bodenelements, das es in Japan nicht gibt, die Großmutter erinnerte sich nicht an den Namen. Die Japaner boten Millionen, aber die argentinischen Behörden lehnten ab. »Wegen der Knochen auf dem Grund«, sagte sie, »jeder weiß das.« Sie selbst habe damals die Leichen vom Himmel fallen sehen, aus den Flugzeugen, die über dem Gewässer kreisten. Körper, kleine dunkle Punkte, die steil nach unten fielen und versanken. Üblicherweise narkotisierten die Militärs die politischen Gefangenen schon beim Start der Maschinen, um später einen Kampf an der offenen Flugzeugrampe zu vermeiden. Sie warfen die Menschen über Seen ab, über den Anden, über dem Rio de la Plata. Die Zahl der Opfer der argentinischen Militärdiktatur der Jahre 1976 bis 1982 wird auf 32.000 geschätzt, genau wissen wird man es nie.

Im Fernsehen ist die Hochzeit vorbei, jetzt wirbt ein Hersteller für »Abtronic«, ein Gerät, das ohne Anstrengung Fett verschwinden und Muskeln entstehen lässt. Die drei Stühle mit Blick auf den Fernseher bleiben besetzt, die Augen auf den Monitor gerichtet. Ein Junge in Shorts und Bob-Marley-T-Shirt läuft zwischen den Tischen herum, hinterlässt Heiligenbildchen neben den Kaffeetassen, die er später einsammelt oder für ein paar Pesos liegen lässt, während der »Abtronic« im Fernsehen Hüften, Beine und Bäuche stramm schrubbelt. Nachrichten. *Cacerolazos* im Zentrum der Hauptstadt. Sparer sprechen ihre Wut in Mikrofone. »Sie rauben uns aus, sie nehmen uns alles.« Einer blonden Frau mit großer Sonnenbrille bricht die Stimme.

»Meine Nationalität will ich nicht mehr haben«,

sagte die Großmutter nach einem kurzen Halt, zwei Stunden hinter Córdoba. »Ich will dir auch sagen, warum es mir scheißegal ist, Argentinierin zu sein, aber wenn du schlafen willst, musst du mir Bescheid sagen. Mal sehen, wie lange mir die Stimme reicht.« Sie sprach leise und weich, nahm die Finger ihrer linken Hand zur Hilfe, um die Akteure ihrer Geschichte darzustellen. Perón (Mittelfinger), Evita (Zeigefinger), Evita stirbt (Zeigefinger knickt ein), Isabel (Ringfinger) – »eine Kabaretttänzerin«, sagte die Großmutter und ließ den kleinen Finger kreisen, um einen Liebhaber anzudeuten, der der zweiten Frau des argentinischen Ex-Präsidenten, selbst Ex-Präsidentin, nachgesagt wird. Dann schlossen sich die Finger zur Faust. Putsch. Es folgen Videla (Mittelfinger) und der Rest der machthabenden Militärs, verantwortlich für Folter, Verschwundene, Massengräber und Tote, für die zwei Hände nicht ausreichen. »Die *Milicos* haben Leute ins Gefängnis gesteckt, schwangere Frauen, ihnen die Neugeborenen genommen, sie adoptiert oder zur Adoption freigegeben und die Mütter anschließend umgebracht.«

Die Großmutter sprach von Menem, »der Argentinien verkauft hat«, von Alfonsín, der sie wegen der Hyperinflation zwei Häuser gekostet habe. Der Spielfilm war mittlerweile vorbei, ihr Gesicht kaum noch auszumachen, nur eine heisere Stimme aus nächster Nähe. »Sprich nicht über Che Guevara, wenn du unterwegs bist«, sagte sie. »Die Leute könnten das missverstehen.« Dann wendete sie den Kopf ab und schwieg.

Hinter den Scheiben der noch dunklen Geschäfte im Bus-Terminal hängen Aufkleber. »Rosario – sede de la bandera argentina«, Wiege der himmelblau-weißen Fahne, manchmal mit Sonne, die der General Manuel Belgrano vor 190 Jahren in Rosario zum ersten Mal gehisst haben soll. An diesen wahrscheinlich erhebenden Augenblick erinnert ein geschmackloses

Denkmal am Ufer des Rio Paraná. Es gibt auch das Motiv »Rosario – sede de rebeldes«, Wiege der Rebellen, aber Che ist ausverkauft. Die Stadt liegt etwa auf halbem Weg von Córdoba nach Buenos Aires, trotzdem machten die Jungs im Dezember 1951 dort nicht Halt. Sie hatten es eilig, ihr Abenteuer beginnen zu lassen.

Entre Rios 380: Die Adresse, die die kubanische Publikation »Viajes y aventuras del joven Ernesto« (Reisen und Abenteuer des jungen Ernesto) als dessen Geburtshaus angibt, ist falsch. Die Angestellte im Optikergeschäft weiß von nichts, weist aber darauf hin, dass es sich bei ihrem Laden ohnehin nicht um die Hausnummer 380, sondern um die 386 handle, von der 6 sei nur ein Stäbchen abgefallen. Die Garage nebenan ist 382, ein Haus weiter die Pädagogengewerkschaft. In einem Antiquitätenladen nickt die Inhaberin endlich, geht mit auf die Straße und weist mit dem Arm zur nächsten Kreuzung. Das große neoklassizistische Gebäude, Entre Rios 480, da habe die Familie Guevara gelebt.

Als die Stadtverwaltung vor einigen Jahren beschloss eine Gedenktafel am Haus anzubringen, zündeten Unbekannte im Eingang eine Bombe, woraufhin sich die Anwohner mehrheitlich gegen die Tafel aussprachen. An der linken Seite der obersten Treppenstufe füllt sich der kleine Krater mit Sand und Staub. Die Plaza de la Cooperación, die die Menschen in Rosario Plaza Che Guevara nennen, ist ein Kompromiss. Zwei Blocks von seinem Geburtshaus entfernt, an der Ecke Mitre und Tucumán, trägt die Wand an der Stirnseite des Parks ein etwa drei mal drei Meter großes Bild Guevaras, auf dem er älter aussieht, als er geworden ist, finster und ein wenig verbittert. Ein pensionierter Peronist, der gekommen ist, um sich anhand der eingravierten Lebensdaten zu vergewissern, dass sie beide gleichen Jahrgangs sind, preist Peron, Che und Adolf Hitler.

Es ist nicht klar, ob die Guevaras tatsächlich die Wohnung im zweiten Stock bewohnten. Die Stadtverwaltung hat es irgendwann so festgelegt, um auf Fragen eine Antwort geben zu können. Joaquíns Mutter, der das *Apartamento* D seit zwanzig Jahren gehört, erfuhr von der Entscheidung durch die Zeitung. Seitdem klingeln manchmal Touristen an der Haustür, fahren mit dem alten Eisenaufzug in den zweiten Stock, laufen über den weißen Marmor im Treppenhaus, und Joaquín, der heute zusammen mit zwei seiner Brüder in der Siebenzimmerwohnung lebt, führt die Besucher bereitwillig durch die Räume. »Es sieht furchtbar aus hier, tut mir Leid«, sagt seine Freundin, Anfang zwanzig, mit langen blonden Locken, lächelt und bietet Kaffee an. Später erzählt sie, dass sie mal auf dem Sofa im Wohnzimmer eingeschlafen war und eine ganze Reisegruppe an der offenen Tür zum Flur vorbeiziehen sah, als sie aufwachte. Es klingelt. Ein Holländer. »Ist das die Wohnung von Che Guevara?«

Normal ist das nicht, sagt Joaquín, im Schnitt kommt vielleicht alle zwei Monate jemand. Die Kubaner seien immer sehr ergriffen. Zwei von Ches Kindern, Camilo und Aleida, waren da und ein paar kubanische Musiker. Das Gerücht, Ausländer hätten ihnen viel Geld für die Wohnung angeboten, sei nicht wahr. »Schön wär's«, sagt Joaquín, im Gegenteil. Seine Mutter habe vor ein paar Jahren verkaufen wollen, aber keinen Käufer gefunden. Sie sammle Sachen über Che, sagt Joaquín, Zeitungsartikel, Bücher, eine Kopie seiner Geburtsurkunde. Nicht wegen der Wohnung, sondern seinetwegen.

Wenn man am Abend in einem der Straßencafés im warmen Schatten sitzt, wirkt Rosario wie eine Stadt am Meer. In Flussnähe trocknen Handtücher auf Balkonen, die aus kastigen Sechzigerjahre-Bauten ragen, in der Innenstadt, wo der Putz in Placken von den Gebäuden bricht, färbt sich der Himmel rot hinter einem Netz aus Kabeln, die, mehrfach um Schornsteine und Pfosten gewickelt, am Ende meistens riesenhafte Leuchtreklametafeln versorgen.

Weil in Argentinien jeder etwas über Che Guevara zu sagen weiß, das heißt: meistens über einen Cousin zweiten Grades von ihm, oder eine Tante, die mal mit der Tochter der Schwester von der Freundin der Mutter sehr eng war, erzählt der Freund eines Betrunkenen am Nebentisch im Café mir irgendwann von einem Bekannten aus Córdoba, der ihm erzählt hat, dass Che damals seine Freundin verlassen habe, bevor er zu seiner Motorradreise aufbrach. Wegen seiner Ideale nämlich. Ich erkläre ihm, Ernesto habe in seinem Tagebuch geschrieben, er sei sehr verliebt gewesen in sein Mädchen, Chichina, María del Carmen Ferreyra. Als sie sich in Miramar verabschiedeten, schenkte Ernesto ihr einen kleinen Hund, Comeback, als Versprechen seiner Rückkehr. Chichina allerdings habe offenbar nicht auf ihn warten wollen. Den Brief, in dem sie mit ihm Schluss machte, zog Ernesto Wochen später in Bariloche aus einem Postschließfach. In seinem Tagebuch schreibt er von einem persönlichen Drama: »Alle Träume, zu den Augen zurückzukehren, die mich in Miramar aufbrechen sahen, hatten sich plötzlich in nichts aufgelöst.«

»Aber wenn es doch so wäre, dass er sie wegen seiner Ideale verlassen hat, wäre das ja auch nicht schlimm«, sagt der Freund des Betrunkenen.

»Ja – nein, natürlich, aber so war es halt nicht.«

»Mein Freund aus Córdoba sagt aber, dass es so war.«

Dann wendet er sich von mir ab und seinem Essen zu, ein bisschen indigniert.

Auf dem Weg zum Monumento de la Bandera erzählt der Taxifahrer von einer Kundin, die er früher oft gefahren hat. Irgendwann habe ihm die Frau offenbart, dass Che der Vater eines ihrer Kinder sei.

Ich frage ihn, wann und wo er das Kind gezeugt haben soll.

»Na, in Rosario, als er hier lebte.«

»Aber da war er ein Baby. Auf ihrer Reise durch Lateinamerika haben die Jungs hier nicht mal gehalten.«

»Ja, dann halt später, vielleicht im Norden Argentiniens oder so.«

Es wäre lohnend, einmal alle vermeintlichen Kinder Che Guevaras an einem Ort zu versammeln, samt aller Argentinier, die ihn irgendwie gekannt haben. Rosario zählt eine Million Einwohner.

Buenos Aires

Alberto Figueroa hatte Recht, sein Vater empfängt mich in seiner Wohnung im 15. Stock, über den Dächern von Buenos Aires. Unten in den Straßen, an der Ecke Mitre und Florida, im Zentrum der Hauptstadt, stürmen Demonstranten einen Geldautomatenraum der Banco de la Nación Argentina, werfen Prospekte in die Luft wie Konfetti, schlagen mit Löffeln auf die leeren Schalter und stopfen Papier in Kartenschlitze. *Caccrolazo* am Mittag. Noch bevor der letzte Demonstrant den Raum verlassen hat, versuchen die ersten Bankkunden mit einer gewissen Routine, die Automaten wieder in Betrieb zu setzen. In den mit Schutzblech verkleideten Bankfilialen, die heute erstmals seit Wochen wieder geöffnet sind, teilen Schalterbeamte mit, dass Sparer ihr Geld, das sie in US-Währung einbezahlt haben, nur noch in argentinischen Pesos abheben können, zum festen Kurs von 1,40 pro Dollar, der in den Wechselstuben schon fast zwei Peso kostet.

Carlos war vier Jahre alt, ein Jahr jünger als Ernesto, als sich ihre Mütter kennen lernten. Carlitos war sein Freund, in Alta Gracia und später in Buenos Aires, bis Ernesto nach Abschluss seines Medizinstudiums im Juli 1953 aufbrach, um erneut »unser riesiges Amerika« zu bereisen.

Carlos wusste, dass sein Freund einer der 82 Rebellen an Bord der »Granma« war, als die kleine Jacht in der Nacht zum 25. November 1956 vor der Küste von Tuxpan mit Kurs auf Kuba in See stach. Fünf Jahre später, im August 1961, sahen sich die beiden wieder. Carlos war mit Ernestos Familie und einigen Freunden zur Konferenz des Interamerikanischen Wirtschafts- und Sozialrats nach Punta del

Este gereist. »Er wirkte auf mich nicht verändert«, sagt Carlos, obwohl er später von einem Gespräch am Rande der Konferenz erzählt, bei dem Ernesto gesagt haben soll, der Tod in seiner Nähe habe einen anderen Menschen aus ihm gemacht. »Er hatte ja auch selbst getötet und sagte, man kann danach nie wieder derselbe sein.«

Beim Essen saßen sie nebeneinander. »Ernesto hatte ein bisschen getrunken und sprach mit kubanischem Akzent. Wir sagten: ›Hey, sprich richtig, Mann, sprich, wie du immer gesprochen hast.‹ Und während der zwei Tage, die er mit uns zusammen war, verlor sich sein Akzent komplett.« Carlos erzählt von einem gemeinsamen Spaziergang am Strand, davon, wie die Touristen ihn fotografierten und Ernesto darüber lachte. Damals habe er ihn gefragt: »Na, Carlitos, verkaufst du immer noch Immobilien? Tja, in Kuba würdest du verhungern, mein Lieber, weil es nur einen Käufer gibt, den Staat. Und wir bezahlen zwanzig Prozent des Werts, keine Kommission.« Carlos entschuldigt sich, bevor er erwähnt, dass sie einander beim Wiedersehen in Uruguay noch immer nannten wie vor seiner Abreise aus Argentinien. »Ich sagte zu ihm *Pelotudón* (Idiot), und er sagte zu mir *Boludo* (Sack), immer. Wir waren wirklich gute Freunde. Ich hatte ihn sehr, sehr gern, ein wirklich nobler und aufrechter Mensch.«

Carlos' Stimme klingt hell, sein Lachen wie ein Kichern, was seinem Auftritt etwas Jungenhaftes gibt, trotz seines weißen Haars und der 73 Jahre. Manchmal scheint es, als würde er vom vergangenen Sommer sprechen, wenn er erzählt, wie sie beide in Buenos Aires ein selbst gebrautes Insektizid gegen Kakerlaken in der Garage von Ernestos Eltern, an der Aráoz 2180 im Stadtteil Palermo verkauften, um Geld zu verdienen, oder die wild durchmischten Restbestände eines insolventen Schuhgeschäfts. »Ernesto behielt ein Paar für sich, zwei Schuhe, die nicht zusammenpassten, und er trug sie, glücklich. Es gefiel ihm besonders, sie zu tragen, wenn er Chichina besuchte. Um ihre Familie zu provozieren.« Vermutlich war das Mädchen von seiner rebellischen Art fasziniert, anfangs, doch Carlos glaubt, dass sie bei ihrem Abschied in Miramar begann, ihren Blick auf Ernesto zu ändern, spätestens an dem Tag, als Alberto mit einer Hausangestellten der Ferreyras am Strand erschien. »Miramar war ein Modeort und Chichina die Königin von Córdoba, sie hatte alles, das Geld, die Familie. Und dann taucht der Freund von ihrem Freund mit einer Angestellten am Strand auf … das war ein bisschen viel, shocking, verstehst du?«

Ernesto sei schon als Kind aufgefallen, wegen seines »unglaublich starken Willens« und der ausgeprägten sozialen Sensibilität, sagt Carlos. Beides führt er auf den Einfluss seiner Mutter Celia zurück, »eine außergewöhnliche Frau«. Das Haus der Guevaras in Alta Gracia stand allen offen, Kindern von Köchen, Geschäftsleuten, Bauern – keine Selbstverständlichkeit im klassenbewussten Argentinien der dreißiger und vierziger Jahre. Alta Gracia, sagt Carlos, war eine geschlossene Gesellschaft, gegen deren Standesgesetze Ernesto mit Vorliebe verstieß. Nach ihren Rugby-Spielen im exklusiven Atalaya Polo Club in Buenos Aires setzte er sich mit einer Flasche Rotwein an den Spielfeldrand und begann auf kleinem Feuer ein Stück Fleisch zu braten. Shocking, indeed.

Carlos erinnert sich nicht, ob er in der Stadt war, als die Jungs Buenos Aires auf dem rostigen Rücken der Poderosa verließen. Ernesto, sagt er, habe jedenfalls schon immer von seinem Traum gesprochen, eines Tages ganz Amerika zu bereisen. Nach seiner Rückkehr im September 1952 sprachen sie wenig über die Tour.

Bevor ich gehe, holt Carlos zwei Kisten, in denen

er alte Zeitschriften und Fotos aufbewahrt. Ein Bild aus Punta del Este zeigt Che in Uniform, umringt von Freunden. Auf der nächsten Aufnahme sieht man ihn ohne Mütze, mit glänzenden, zurückgekämmten Haaren, aber vielleicht sind sie einfach nur verschwitzt. Carlos hält die schwarze Kappe in der Hand. »Ich habe sie später meinem Sohn geschenkt«, sagt er, »Ernestos Boina«. Carlos leiht mir ein paar Videokassetten mit der Bitte, sie ihm bestimmt zurückzubringen, auch einige Zeitschriften, darunter die Nummer 116, Jahrgang 3, der argentinischen Zeitschrift *Gente* vom 12. Oktober 1967. Drei Tage nach seiner Ermordung im bolivianischen Vallegrande berichtet das Magazin über »Leben und Tod von ›Che‹ Guevara«. Es war nicht das erste Mal, dass man ihn für tot erklärt hatte. Seit seinem Verschwinden aus der kubanischen Polit-Öffentlichkeit war die Meldung oft über die Nachrichtenticker gelaufen. Gerüchte, bis zum Oktober 1967.

Die *Gente*-Redaktion brachte Roberto Guevara im Flugzeug nach Bolivien, um seinen Bruder zu identifizieren. Als er ankam, hatten die Militärs den Leichnam jedoch schon verschwinden lassen. Roberto musste sich von Fotografien mexikanischer Journalisten überzeugen lassen, die argentinischen Behörden räumten mit Hilfe von Fingerabdrücken der abgetrennten Hände letzte Zweifel aus. Jahre später gelangten die in Formollösung konservierten Hände Che Guevaras, die der bolivianische Innenminister Antonio Arguedas in einer Urne im Fußboden seiner Wohnung vergraben hatte, auf Umwegen nach Havanna, ebenso wie eine Kopie seines »Bolivianischen Tagebuchs«. »Wäre das Buch in die Hände der Amerikaner geraten, hätten sie sicher alles Mögliche reingeschrieben«, sagt Carlos. »Natürlich, ich bin in dieser Sache auch parteiisch, aber ich bin überzeugt, dass es so gekommen wäre.«

Roberto spreche nicht gerne mit Journalisten, »eigentlich hat er es noch nie wirklich getan, und wenn er sich jetzt dazu bereit erklären würde, dann bestimmt nur ohne Mikrofon.« Carlos sagt, er werde sehen, was er tun kann. Sie seien gute Freunde.

Der Weg vom Bahnhof zu Sergios Haus in Villa España führt abwärts. Hinter den steinernen Häuserblocks endet der Asphalt, ein paar Querstraßen weiter haben die Wellblechhütten keine Klingeln mehr, Besucher klatschen am Tor und irgendwo, ganz unten, beginnt das Wasser im Kanal zu stinken. Ein Hund mit mehr Geschwüren als Fell auf dem Rücken humpelt durch den heißen Schatten. Sergio sagt: »Als Erstes sterben die Tiere.«

Villa España gehört zu Berazategui, einer Vorstadt im Süden von Buenos Aires. Vierhunderttausend Menschen leben hier, hunderttausend von ihnen sind arbeitslos. Die *Planes*, Arbeitsbeschaffungsmaßnahmen der Regierung, reichen für 1600. Einen Anspruch haben Familienoberhäupter mit mehr als fünf Kindern: Anspruch auf sechs Stunden Arbeit pro Tag, in staatlichen Kleiderkammern, Grünanlagen, Straßenbau, Anspruch auf 120 bis 160 Pesos im Monat.

Sergio hat zwei Wünsche. Wenn es irgendwie geht, möchte er irgendwann einmal eine kubanische Zigarre rauchen. Und wenn es losgeht, will er einer der fünfzig *Comandantes* einer siegreichen argentinischen Volksrevolution sein. Er sagt, dass er bald anfangen wird mehr Sport zu treiben, um vorbereitet zu sein. Er glaubt, dass es nicht mehr lange dauern wird.

Von dem, was der dritte Raum seines Hauses werden sollte, stehen nur schulterhohe Mauern, dahinter liegt das Schlafzimmer seiner sechs Kinder. Der jüngste Sohn ist vier Monate alt. Bis auf Facundo, den ältesten, haben alle die graublauen Augen ihres Vaters geerbt. Sergio und seine Frau Isabel schlafen auf einer Schaumstoffmatratze in der Küche, die sie abends von der Wand auf den gestampften Erdboden klappen, unter das Regal, auf dem die Zeitungen und Bücher mit abgewetzten Rücken liegen. Hesse, Borges, Lenin. Über dem Fernseher hängt ein Bild von Che Guevara mit dem Satz: »Und wenn sie auch alle Blumen zerstören, so können sie doch niemals den Frühling aufhalten.«

Sergio war 19 Jahre alt und Guevarist, als er Isabel in Berazategui beim Tanzen kennen lernte. Ein knappes Jahr später heirateten sie. Sergio arbeitete als Kellner. Dann verlor er seinen Job. Er sagt, er habe sich wertlos gefühlt, damals. »Du wächst auf mit dieser Vorstellung, dass ein Mann seine Familie ernähren können muss, dass Arbeit etwas Wichtiges ist im Leben.« Auf dem Weg zum Dach eines hohen Gebäudes verwickelten ihn Leute im Treppenhaus in ein Gespräch. Sergio sagt, er wäre sonst gesprungen.

Eine Zeit lang hatte er eine Geliebte, »um mir zu beweisen, dass ich nicht völlig impotent bin«, aber die Geschichte ging nicht lange gut. Sergio saß im kleinen Garten hinter seinem Haus und starrte vor sich hin, nachmittagelang, wochenlang. Isabel versuchte ihn aufzubauen, hielt den Haushalt am Laufen, kümmerte sich um die Kinder und den Hund, bis sie sich eines Tages vor ihn stellte und sagte: »Hör zu, von mir aus kannst du mich verlassen, du kannst dich auch umbringen, es ist mir egal. Tu, was du willst, aber bitte tu irgendwas, ich halte das so nämlich nicht mehr aus.« Sergio macht eine Pause und grinst. Er sagt, sie habe ihm den Wind aus den schmutzigen Segeln seines Selbstmitleids genommen. Sergio stand auf.

Die *Piqueteros* versammeln sich im Zentrum von Buenos Aires, mitten auf der Avenida de Mayo, an jener Stelle, an der bei den Dezember-Aufständen ein junger Demonstrant vor einer Bankfiliale erschossen wurde, eines von 29 Todesopfern. Es heißt, die Schüsse seien aus dem Gebäude gekommen. Während die argentinische Mittelklasse bei ihren Protesten gegen die Regierung auf Kochtöpfe schlägt, schlagen die Bewohner der Randbezirke einen sinistren Rhythmus auf Trommeln.

Die Bewegung der *Piqueteros* umfasst etwa dreißig verschiedene linke Organisationen, ursprünglich und vornehmlich Zusammenschlüsse von Arbeitslosen, um die sich die Gewerkschaften nie gekümmert haben. Lange bevor die Wirtschaftskrise Ende 2001 auch den Mittelstand mit voller Wucht traf, blockierten die *Piqueteros* Landstraßen, besetzten Fabrikzufahrten, bauten brennende Barrikaden. Wie viele es sind, lässt sich aufgrund ihrer losen Strukturen schwer sagen. Allein der Polo Obrero, eine Unterorganisation des trotzkistischen Partido Obrero, zählt landesweit rund zehntausend Mitglieder.

Als Sergio der Bewegung vor zwei Jahren beitrat, gab es in Villa España zwei Aktivisten. Heute sind es fünfzig Familien, unter ihnen Hilda, die mit ihrem Mann und ihren drei Kindern jenseits des Asphalts lebt, auf vier mal vier Metern Erde. Ein Stockbett, daneben ein Doppelbett, am Fuß ein Esstisch und darauf ein Fernseher, ein Schrank, ein Herd. An den Wänden hängen Heiligenbilder, eine Plastikpuppe mit blondem Haar lehnt auf einem hölzernen Balken am Wellblech. Hilda sagt, sie habe sich den *Piqueteros* angeschlossen, weil sie keine Arbeit hat und keine findet. Weil sich nie jemand darum gekümmert hat, wie es ihnen geht. Weil sie es leid ist, zu Hause zu sitzen und auf Hilfe zu warten, die nie kommt. Sie haben kein Wasser. Sie haben keine Toilette. Die Nachbarn teilen ihr Bad mit ihnen. Manchmal gibt es Fleisch. Wir sprechen von Argentinien.

Die Nuñez-Brüder, Mario und Ramón, können sich nicht erklären, warum ausgerechnet sie ständig im Fernsehen auftauchen, wenn die Medien über Aktionen der *Piqueteros* berichten. Vielleicht hat es damit zu tun, dass beide das blonde Haar hüftlang tragen, dazu Ohrringe und Dreitagebärte. Mario hat sich das Wappen von Boca Junior auf die Brust tätowiert, sein Bruder das Gesicht von Che Guevara, »als Zeichen des Kampfs«. Sergio sagt, dass sie die Zeitungsartikel archivieren müssen, »damit die Genossen wissen, dass wir hier Geschichte machen«.

Ihre Mutter, Catalina, lächelt und knetet sich verlegen das Knie, aus dem blaue Adern hervortreten, als ich ein paar Worte Deutsch mit ihr spreche. Ihre Großeltern kamen Ende des 19. Jahrhunderts von Europa nach Brasilien. Catalina lebt seit 34 Jahren in Argentinien. Seitdem, sagen ihre Söhne, wachse ihr Haar nicht mehr. Catalina nickt und verschwindet kichernd in der Küche. Vier ihrer acht Kinder sind bei den *Piqueteros*.

An seiner ersten Demonstration nahm Ramón vor Jahren als Mitglied der Bäckergewerkschaft teil. Die Arbeiter wurden morgens mit Bussen abgeholt und zur Kundgebung gefahren. Sie bekamen Essen, Bier und beim Aussteigen fünf Pesos in die Hand. Eduardo Duhalde war Gouverneur der Provinz Buenos Aires. Als Ramón nach seiner ersten *Piquetero*-Demo nicht mal unter den zwanzig glücklichen von sechzig Teilnehmern war, die per Los eines der Lebensmittelpakete bekamen, war er wütend, sagt er, und wendete sich von der Bewegung ab. »Außerdem hatte ich Arbeit gefunden und keine Zeit mehr, um zu den Versammlungen zu gehen.« Seit einigen Monaten ist Ramón wieder arbeitslos. Seit Dezember ist er wieder bei den *Piqueteros* dabei.

Er glaubt, dass es einen Bürgerkrieg gäbe, wenn Che heute in Argentinien wäre. »Er wollte immer hierher zurückkommen und uns die Revolution bringen, aber vorher haben sie ihn in Bolivien umgebracht.« Über dem Bett seines kleinen Sohnes hat Ramón ein Bild von Che an die Mauer gemalt. »Für mich ist er so was wie ein Heiliger, gegen das Böse, weißt du? Ich möchte, dass er auf meinen Sohn aufpasst und ihn beschützt.« Eine ähnliche Zeichnung auf seiner Polo-Obrero-Kappe überdeckt einen Matschfleck, der beim Waschen nicht mehr rausging.

Nestor Pitrola hat nicht viel Zeit, nie. Der 49-Jährige gehört zum nationalen Führungsgremium des Polo Obrero. Während die *Piqueteros* friedlich die Avenida de Mayo entlang marschieren und die Kaffeehäuser dennoch ihre Glastüren verriegeln, erklärt Pitrola mit heiserer Stimme das Programm seiner Organisation. Solange die Arbeiterklasse noch nicht über die nötigen Strukturen verfüge, um selbst die Macht zu übernehmen, unterstütze der Polo die Forderungen nach einer freien und unabhängigen Volksversammlung, um die Regierung abzulösen. Der Kapitalismus sei in Auflösung begriffen, sagt Pitrola, »die Banken müssen verstaatlicht werden«, einen Augenblick mal – einem *Compañero* gelingt es, eine Frage in einer der kurzen Pausen zu stellen, die Pitrola zwischen den Sätzen lässt.

In den Köpfen vieler, die heute bei Protestkundgebungen ihre Schulterpolster an Lumpen drücken, galten die *Piqueteros* jahrelang als arbeitsscheuer Abschaum der Großstadt, verzärtelt von den Sozialprogrammen der Ära Peron, unfähig und unwillig Eigeninitiative zu entwickeln. Seit nicht nur das Proletariat, sondern das gesamte gesellschaftliche Fundament Argentiniens unter den Erschütterungen der neoliberalen Wirtschaftskonzepte wankt, wird die Solidarität beschworen. Delegierte der *Piqueteros* nehmen sonntags an den Nachbarschaftsversammlungen im Parque Centenario teil, Treffen enden mit einer unlängst komponierten Hymne auf die aufständischen Arbeitslosen. Bei *Cacerolazos* tragen Mitglieder des Polo Obrero ihre riesigen Stoffstandarten vor den Regierungspalast.

Nachbarschaftskomitees, die Abgesandte zu *Piquetero*-Kongressen schicken, sind dagegen selten.

Bei den *Piquetes* (Straßensperren) sind die Arbeitslosen bisher weitgehend unter sich geblieben. Pitrola argumentiert mit Koordinierungsschwierigkeiten. Die Leute aus den *Villas de emergencia*, den Slums im Umland der Hauptstadt, könnten an den zumeist nächtlichen Demonstrationen im Zentrum selten teilnehmen, weil sie vor Einbruch der Dunkelheit zu Hause sein müssen, um nicht in ihren Vierteln überfallen zu werden. Umgekehrt könnten Teilnehmer der *Cacerolazos* mittags kaum protestieren, weil sie arbeiten. »Das kann man nicht lösen«, sagt Pitrola und winkt ab, »das ist eben so.«

Der Chor singt »Que se vayan todos«, doch die Dissonanz wird nicht lange auf sich warten lassen, wenn diskutiert wird, was passieren soll, sollten sie tatsächlich alle weg sein. Die Frage nach der Stabilität der plötzlichen Verbrüderung liegt auf der Hand, doch wer sie stellt, gilt als Spalter. Pitrola erzählt vom Applaus, mit dem der Mittelstand die *Piqueteros* bei Versammlungen empfängt. Im Übrigen werde die sozialwirtschaftliche Realität des Landes zwangsläufig zur Vereinigung der Klassen führen, und das sei nebenbei gesagt bisher noch bei allen Revolutionen so gewesen. Die Mehrheit werde natürlich nie ein System stürzen wollen, schließlich schaffe erst der politische Prozess ein Bewusstsein für die Notwendigkeit revolutionärer Veränderungen. Im Süden des Landes erzählt mir Wochen später ein Geschäftsmann, es sei wichtig, mal eine Weile die Linken zu unterstützen, damit die Politiker begreifen, dass die Lage ernst ist.

Sergio beantwortet die Frage nach Differenzen, indem er seine Hände zu einer schützenden Schale formt. Die Bewegung sei noch ein Embryo, sagt er und lächelt über seine Fingerspitzen hinweg. Es sei noch nicht an der Zeit, darüber zu diskutieren. Im Moment zählten die Gemeinsamkeiten. Seine beiden ältesten Söhne, 16 und 17 Jahre alt, waren bei den

Straßenkämpfen vom Dezember in der Hauptstadt dabei. Seine elfjährige Tochter Luciana bringt den *Piqueteros* mit ihrer Mutter Essen auf die Straße, wenn sie demonstrieren. »Früher hatte sie Angst, wenn ich mich mit der Polizei angelegt habe«, sagt Sergio. »Jetzt ist sie schon eine richtige *Piquetera.*« Sie strahlen einander über den Küchentisch an.

Er spricht von der Stärke, die ihm das Gemeinschaftsgefühl in der Gruppe gibt, von Volksküchen und großen Suppentöpfen, mit denen sie bei den *Piquetes* alle satt bekommen. Er spricht vom Glück, der gesellschaftlichen Marginalisierung aus eigener Kraft entkommen zu sein, und er verwendet dabei diese Worte. Wenn Sergio müde ist, schimpft er manchmal auf die Frauen, die sich bei der letzten Versammlung in die Haare gekriegt haben, weil eine *Compañera* meinte, die Hosen einer anderen seien zu kurz. Und er schimpft auf die Männer, die ihren Frauen Szenen machen, wenn sie eine Straße über Nacht besetzt halten und irgendwann neben irgendeinem *Compañero* (Ach, neben dem? Und wieso ausgerechnet neben dem?) einschlafen. Sergio sagt, dass es ein schlechtes Zeichen ist, wenn er schimpft, weil er eigentlich viel Geduld braucht für die Leitung der *Piqueteros* von Berazategui.

»Man darf die Menschen nicht idealisieren, das führt zu Enttäuschungen und schafft Aggressionen. Der Mensch ist nicht gut, nur weil er arm ist, im Gegenteil: Er ist imstande, dir bei einem *Piquete* das Gemeinschaftsessen zu klauen. Das ist so. Man darf sich nichts vormachen.« Sergio will um ein paar Tage Urlaub bitten.

Roberto hat Nein gesagt. Als ich Carlos die Videokassetten und Zeitschriften zurückbringe, versucht er eine Erklärung für die Absage seines Freundes. »Es war nicht leicht für sie, auf einmal die Geschwister von Che Guevara zu sein, weißt du? Das hat ihr

Leben komplett verändert.« Noch einmal kommt er auf das Treffen in Punta del Este zurück. Sie alle hätten damals versucht, Ernesto und Roberto einen Augenblick lang allein zu lassen, aber es habe sich nicht ergeben. »Die beiden waren mehr als Brüder, sie waren vor allem auch enge Freunde.«

Im Vorwort zu seinem Reisetagebuch, das er erst Monate nach seiner Rückkehr in Buenos Aires ausformulierte, schreibt Ernesto: »Die Person, die diese Notizen schrieb, starb, als sie ihren Fuß wieder auf argentinischen Boden setzte, und der sie ordnet und an ihnen feilt, ›ich‹, bin nicht ich; zumindest bin ich nicht mehr dasselbe innere Ich. Dieses ziellose Streifen durch unser riesiges Amerika hat mich stärker verändert, als ich glaubte.« Ich wollte wissen, was ein Mensch heute, fünfzig Jahre später, vorfindet, der auf Ernestos Spuren den Kontinent bereist, was übrig geblieben ist von dem, was seine politische Initiation bewirkte und ihn radikalisierte. Ich wollte sehen, ob und wie sich die sozialen Verhältnisse verändert haben, und ich fragte mich, ob ihn diese erste unmittelbare Konfrontation mit Elend und Armut tatsächlich so nachhaltig verändert hatte oder ob er die Erfahrung erst im Rückblick als dermaßen prägend empfand. Deshalb war es wichtig, mit Menschen zu sprechen, die ihn damals gekannt und erlebt hatten, als er im September 1952 nach seiner Rückkehr aus dem Flugzeug stieg, die ihn erzählen hörten, von seinen Erlebnissen und darüber, wie er sie bewertete. Was war ihr Eindruck? War Ernesto tatsächlich als anderer Mensch von der Reise zurückgekehrt?

Carlos hört mir zu und sieht mich einen Augenblick lang schweigend an. Dann greift er zum Telefonhörer.

»Guten Tag, hier ist Carlos, ich möchte mit Robertico sprechen. Robertico? Hallo, wie geht's dir? Hör mal, wegen dem Mädchen, von dem ich dir erzählt hab, die Journalistin … sprich mit ihr. Sie will dir nur eine Frage stellen, das wird dich interessieren. Na komm, Robertico, nur eine Frage. Sie ist in Ordnung.«

Carlos legt auf, dreht sich um und grinst. »Du kannst ihn anrufen.«

Im Parque Centenario dämmert der Nachmittag zwischen sonnenöligem Sommergartenstuhlglück und zivilem Ungehorsam in den Abend. Seit Wochen treffen sich die Abgesandten der *Asambleas Vecinales*, der Nachbarschaftsversammlungen, sonntags im Park, um Aktionen abzustimmen, gemeinsame Beschlüsse zu fassen und den Bürgern ein politisches Forum jenseits von Parteien und Gewerkschaften zu bieten, die ihre Glaubwürdigkeit nicht erst im Dezember 2001 verloren haben. Vor einer abgesperrten Bühne zu ebener Erde sitzen sie auf dem staubigen Boden und trinken Mate, einige haben Klappstühle dabei. Zum Rand hin, wo die Gruppe ausfranst und ein paar Jungen Fußball spielen, wird das Motiv für die Anwesenheit unklar.

Bilder, die die Organisation Argentina Arde an einer Wäscheleine aufgehängt hat, zeigen Dezembermomente, vermummte *Piqueteros* hinter brennenden Barrikaden und Bleistiftskizzen von Aufständischen. Auf der Bühne spielt eine Band in Shorts ihre Hymne auf die Arbeitslosen, von denen an diesem Nachmittag im Park nur wenige zu sehen sind. Hundert, vielleicht hundertfünfzig Leute nehmen an der Versammlung teil, aber das wäre schon großzügig gerechnet. Ein Mann auf dem Podium sagt: »Eigentlich müssten wir mehr werden, stattdessen werden wir immer weniger.« Februar 2002 in Buenos Aires. In wenigen Wochen beginnt der Herbst und mit ihm das Ende der Veranstaltungen unter freiem Himmel.

Von den Grills ziehen Rauchschwaden über den kleinen Platz. Kein *Cacerolazo*, keine *Asamblea* ohne

Choripan, eine Art argentinischer Hamburger. Aktivisten verkaufen Zeitungen und verteilen Flugblätter, auf dem Bürgersteig hin zur Straße sitzen Parteienvertreter unter ihren Fahnen wie ausgesperrt. Izquierda Unida und Convergencia Socialista bieten Marx, Engels, Lenin und ein Werk zum »Anarquismo básico«. Die Amigos de Cuba verurteilen im Schatten eines Baumes das argentinische Votum gegen Kuba bei den Vereinten Nationen und sammeln Unterschriften.

Natalia Pérez von der Juventud Guevarista erklärt, die Situation in Argentinien sei klar prärevolutionär, es könne nicht mehr lange dauern. Im Dezember war die 22-Jährige mit auf der Straße. Sie sagt, sie habe Angst gehabt. Dann, dass sich das Volk nicht mehr durch fünfzehn, zwanzig Tote einschüchtern lasse, dass die Ideologie ihr viel Stärke gebe und dass ihre Organisation den Ausweg aus der Misere nicht im Urnengang, sondern im bewaffneten Kampf sehe. Natalia ist seit zwei Jahren arbeitslos. Sie jobbt als Lehrerin. Im Kinderwagen hinter dem Tapeziertisch mit dem Infomaterial schläft ihr Baby.

Auf dem Boden vor der Bühne kritzelt eine junge Frau eine Evolution von Hammer und Sichel auf den Rand ihres Notizbuchs, erst Sichel, Hammer, Hammer und Sichel, dann malt sie ihrem Freund mit dem Kugelschreiber »Te quiero« auf den nackten Oberarm. Vorne gibt es Gerangel, als eine *Compañera* nach Ablauf ihrer Sprechzeit mit Gewalt das Mikrofon an sich reißt. Die Organisatoren sammeln anschließend, um den Jungs von der Band das kaputte Kabel zu ersetzen, aber die wollen das Geld nicht annehmen, bevor sie nicht wissen, wie groß der Schaden sein wird.

Die Versammlung stimmt eher symbolisch für kostenlose Erziehung und Gesundheitswesen, finanziert mit einer Sondersteuer auf Großgrundbesitz, gegen Versammlungen auf der Plaza de Mayo an jedem

Zwanzigsten des Monats als Erinnerung an die Repression und für nachbarschaftliche Mülltrennung, um sich mit den Kartonsammlern zu solidarisieren. Bei den Abstimmungen am Abend zeichnen die Hände der Teilnehmer Schatten auf den Staub am Boden.

Wenn auf den Straßen von Palermo Hufgetrappel durch die Nacht hallt und Freitagabend ist, reitet die Polizei zu einer Demonstration, je später desto wahrscheinlicher auf der Plaza de Mayo. An anderen Tagen sind es die Kutschen der Rohstoffsammler, die über das Pflaster der Hauptstadt holpern. Man sieht sie im Dunkeln in schwarzen Müllsäcken wühlen, huschende Gestalten, die nach Stoff suchen, Metall und Papier. Die Jüngsten von ihnen sind kaum älter als sechs Jahre. Oft gibt es Streit darüber, welche Müllsäcke wem gehören. Die Sammler kommen aus den Vororten, aus Gran Buenos Aires. Wie bitter das klingt.

Kurz nach 21 Uhr löst sich die *Asamblea Interbarrial* nach vierstündiger Sitzung auf. Nächste Woche wollen sie schon um 15 Uhr anfangen. Wegen einer kulturellen Darbietung zum »Tag der Frau«.

Roberto Guevara klingt am Telefon jünger, als er tatsächlich sein kann. Er wirkt bemüht, das Gespräch kurz zu halten, ein wenig ungeduldig. Ich sage ihm, dass ich nicht zum verabredeten Termin in seiner Kanzlei anrufen konnte, weil ich in einem Vorortzug überfallen und dabei verletzt wurde. »Ja, so was passiert eben«, erwidert er. Eine Frage also.

Vermutlich hätten Ernesto beide Reisen politisiert, sagt Roberto, die zweite, von der er nicht zurückkehrte, noch mehr als die erste. Als sein Bruder im Juli 1953 aufbrach, habe er ursprünglich vorgehabt, sich in Venezuela als Arzt niederzulassen. Der Beschluss, sein Leben dem Kampf zu widmen, sei sicher ein Ergebnis seiner Reisen. Ernesto habe viel darüber erzählt, als er zurückkam, wie von einem Abenteuer, aber immer verbunden mit einem politischen Fazit, das er aus dem Erlebten zog. »Das hatte er schon vorher oft getan, aber die Reisen verstärkten diese Angewohnheit.« Ich frage Roberto, wie alt er war, als Ernesto mit Alberto Granado Buenos Aires verließ.

»Wer, ich?«

»Ja.«

»Mal sehen, ich bin drei Jahre jünger als er, also 1952 ungefähr … zwanzig.«

Ob er nicht Lust gehabt habe, seinen großen Bruder auf der Reise zu begleiten. Roberto lacht, zum ersten Mal. »Das ist ein anderes Thema und wäre im Übrigen auch die zweite Frage.«

Als ich wissen möchte, warum er nicht mit Journalisten sprechen will, wird er wieder ernst, aber die Kälte ist aus seiner Stimme gewichen. »Ich habe schlechte Erfahrungen gemacht«, sagt er, und auf die Rückfrage: »Als ich damals nach Bolivien fuhr, um ihn zu identifizieren, da habe ich feststellen müssen, was Journalisten wirklich interessiert.« Er präzisiert die Kritik nicht. »Ich war damals jung, ich habe meine Fehler gemacht. Jetzt bin ich ein alter Mann und sehe nicht ein, warum ich mit irgendwem über meinen Bruder sprechen soll, auch wenn er eine der wichtigsten Figuren des 20. Jahrhunderts war. Ich beantworte Fragen normalerweise nur schriftlich. Wenn Sie etwas über sein politisches Denken wissen wollen, schreibe ich Ihnen einen Text dazu. Aber wir haben schon länger geredet, als ich eigentlich wollte.« Roberto lacht, noch einmal.

Ich sage ihm, dass ich mich lange auf die Reise vorbereitet habe und nicht nur aus beruflichen Gründen gerne mit Menschen rede, die Ernesto Guevara gekannt haben.

»Naja, das haben Sie ja jetzt getan.«

Dass ich ihn immer noch gerne kennen lernen würde.

»Es tut mir Leid, aber das tue ich nicht. Ich habe mir das nun mal zum Grundsatz gemacht, bitte verstehen Sie das.«

Das Haus an der Calle Aráoz 2180, auf dessen Balkon das bekannte Bild entstanden ist, das Ernesto ausgestreckt auf dem Rücken liegend zeigt, die Arme hinter dem Kopf verschränkt, den ernsten Blick in den Himmel gerichtet, das Haus, in dem die Guevaras einige Jahre lang in Buenos Aires lebten, steht nicht mehr. Carlos wickelte den Verkauf für die Familie ab. Er sagt, das Gebäude sei sehr alt gewesen. Würde man heute an der gleichen Stelle ein Foto machen, wäre der Blick auf die Straße von den Blättern der Bäume verstellt, die – damals noch an Stöcke gebunden – heute mehrere Meter hoch wachsen. Von oben sieht die Aráoz aus wie ein grüner Fluss, unter dem der Verkehr versinkt.

Der geplante gemeinsame Ausflug zum Rugbyclub in San Isidro fällt dem knappen Zeitplan zum Opfer. Carlos erwähnt, dass ohnehin nur Fotos von ihm im Klubhaus zu sehen seien, keine von Ernesto. »Er war Kommunist, verstehst du?« Argentinien verschweige und verdränge die Verdienste seines Freundes, sagt er. »Hier wird überhaupt nichts erkannt, gar nichts. Stattdessen sprechen sie lieber über Peron und Evita – was soll das? Das ist die Negation von allem.« Sein Leben, sagt Carlos, sei voller Enttäuschungen, »furchtbarer politischer Enttäuschungen«.

Er habe Ernesto immer als Denker gesehen, »er wurde es mehr, im Laufe der Jahre, aber er war immer schon ein sehr intelligenter Typ«. Che, sagt Carlos, sei ein Denker, ein Beispiel, ein Führer und ein Symbol, obwohl die meisten Menschen wenig über Inhalte und Hintergründe wüssten. »Er ist der Einzige, der sein Leben geopfert hat, um seine Ideen durchzusetzen, noble Ideen außerdem.« Wer sei heute noch dazu bereit? Die Kamikazeleute von den Türmen in New York vielleicht? »Das ist etwas anderes, die haben keine Ideen, sondern eine Mission, sie werden geschickt. Ernesto hat es für den Menschen getan, nicht für Bolivien oder sonst was, sondern für den Menschen, und das ist wunderbar, wirklich kolossal, sein Leben dafür zu opfern.« So etwas gebe es heute nicht mehr, wiederholt Carlos. »Er wollte, dass der Mensch siegt.«

Carlos glaubt, es würde seinem Freund gefallen, dass junge Leute heute noch immer mit seinem Bild auf die Straße gehen, um gegen Unrecht zu demonstrieren. »Ja, das mit dem Bild hätte ihm gefallen.« Er macht eine Pause, dann kichert er und schüttelt den Kopf. »Ernesto hätte gesagt: Schau dir diese Typen an, Mann – und sich darüber totgelacht.«

Als ich Buenos Aires wenige Tage später verlasse, ist Kolumbien zum offenen Krieg zurückgekehrt. Der Guerillero war sehr stolz gewesen an dem Tag, als er im Januar ein paar Journalisten aus dem Ausland das riesige, in Fels gemeißelte Farc-Monument, in der entmilitarisierten Zone, im Süden des Landes präsentierte: Zwischen einer etwa fünf Meter großen Kämpferin mit Maschinengewehr und dem Guerilla-Chef Manuel Marulanda, »Tirofijo«, ebenfalls in mehrfacher Lebensgröße, spannte sich ein Banner, darauf die Buchstaben FARC-EP – Fuerzas Armadas Revolucionarias de Colombia, Ejército del Pueblo (Vereinte Revolutionäre Streitkräfte Kolumbiens, Volksarmee) – darunter noch ein Bauer, noch ein Kämpfer. Mit den steinernen Flügelspitzen, die aus seinem linken Arm wuchsen, berührte Marulanda das Gesicht Simón Bolívars, des toten und viel beanspruchten Befreiers. Drei Jahre hatten Farc an der Felsskulptur gearbeitet, die ein bisschen an die Präsidentenköpfe in den nordamerikanischen Bergen erinnerte, nicht eben geschmackvoll, aber die Sonderkorrespondentin des *Miami Herald* war beeindruckt. Nur die Beleuchtung fehlte noch und Wasser sollte die Wand herunterfließen, sagte der Guerillero. Er trug an diesem Tag ein T-Shirt mit der Aufschrift *Hasta la victoria siempre.*

Nicht einmal fünf Wochen hat die Vereinbarung gehalten, mit der sich kolumbianische Regierung und Farc-Guerilla nach intensiver internationaler Vermittlung auf die Fortsetzung des Friedensdialogs verständigt hatten. In der Nacht zum 21. Februar, wenige Stunden nach einer Fernsehansprache des kolumbianischen Präsidenten Andrés Pastrana, flogen Kampfflugzeuge und Hubschrauber der Armee Luftangriffe auf Guerilla-Stützpunkte in den Bergen, die dreieinhalb Jahre lang zur »entmilitarisierten Zone« gehört hatten, ein Gebiet von der Größe der Schweiz.

Pastrana hatte die Streitkräfte nach seinem Amtsantritt aus der Zone abgezogen, um einen neutralen Raum für Friedensverhandlungen zwischen Regierung und Guerilla zu schaffen. Drei Monate vor den Präsidentschaftswahlen eroberte nun das kolumbianische Militär die Kaserne des 35. Infanterie-Regiments zurück, die auf halbem Weg zwischen San Vicente del Caguán, der bisher faktischen Hauptstadt des Gebiets, und dem Farc-Monument liegt, von dem der Guerillero vor vier Wochen gesagt hatte, dass es in wenigen Tagen nachts leuchten werde. Die Regierung bezeichnete den plötzlichen Abbruch des Dialogs als Reaktion auf die Entführung eines Senators, obwohl die Farc ihre Beteiligung an der Verschleppung dementiert hatten. Es wäre nicht das erste Mal, dass Paramilitärs versuchen, mit politischem Bandenspiel die Guerilla für eigene Aktionen verantwortlich zu machen und so die Regierung zum Handeln zu zwingen – oder ihr einen Vorwand zu liefern.

Unmittelbar nach der Entführung jedenfalls war

in Kolumbien zunächst nur von einer Unterbrechung der Friedensverhandlungen die Rede gewesen, während das US-Außenministerium bereits von einem weiteren Beweis für den terroristischen Charakter der Farc-Guerilla sprach. Es dauerte nur wenige Stunden, bis sich die kolumbianische Regierung von dieser Einschätzung überzeugen ließ. Im Rahmen des »Plan Colombia« bilden die Vereinigten Staaten seit Jahren Spezialeinheiten in der Andenrepublik aus und liefern den Streitkräften Hubschrauber – ursprünglich strikt an den Einsatz bei Pestizidbesprühungen von Drogenanbaugebieten gebunden, die zumeist von Guerilla oder Paramilitärs kontrolliert werden. Seit dem 11. September jedoch verlaufen die Grenzen zwischen Coca- und Guerilla-Bekämpfung auch offiziell fließender.

Den meisten der etwa hunderttausend Menschen, die im früheren Guerillagebiet im Südosten leben, dürfte die Zeit zwischen Fernsehansprache und Bombardements ab Mitternacht nicht zur Flucht gereicht haben. Unterdessen haben die Paramilitärs bereits gedroht, als Nachhut der Streitkräfte einzurücken und mutmaßliche Farc-Sympathisanten zu eliminieren.

Kolumbiens Armeechef Fernando Tapias ließ wissen, es befänden sich noch viele »als Zivilisten verkleidete Guerilleros« in der Zone. Man wird an diese Worte denken, wenn die als Guerilleros getöteten Zivilisten gezählt werden.

Villa Gesell

Die Landstraße von Buenos Aires nach Villa Gesell führt vorbei an gelbgrünen Feldern, schwarze und braune Rinderrücken ragen wie sperrige Pappkartons aus der flachen Ebene der Pampa, darüber ein gewaltiger blauer Himmel. Am Ortseingang von Villa Gesell windet sich die Auffahrt zum Golfclub, vorbei an einem alarmgesicherten Gittertor, hin zu Löchern und einem Luxuswohnkomplex, eingezäunt wie der Hochsicherheitstrakt eines Gefängnisses.

Aus unbefestigten Seitenwegen rieselt Sand auf die asphaltierte Hauptstraße, klebt an den Sohlen und knirscht auf Schritt und Tritt in Hotels, Restaurants und Wohnungen. Der Busfahrer sagt, der alte Gesell würde sich im Grab umdrehen, wenn er wüsste, wie viele Straßenzüge mittlerweile geteert sind. Als der Schweizer Möbelfabrikant Carlos Idaho Gesell die Stadt 1940 gründete und die Dünen mit Pinien und Eukalyptus für die Holzproduktion aufforsten ließ, legte er Wert auf ein naturbelassenes Ambiente. Der Busfahrer sagt, vor fünfzig Jahren seien noch alle Straßen des Ortes aus Sand gewesen. Autos fahren langsam über den weichen Untergrund der Seitenstraßen, damit die Räder nicht durchdrehen, und der Sand schluckt die Geräusche wie Schnee, verschafft den Grillen am Abend einen großartigen Auftritt, die mühelos ratternde Motoren niederzirpen.

Am Sonntag platzen die Wolken. Regen spült Sand durch die Straßen. Im Café an der Hauptstraße wird ein Fußballspiel aus der Hauptstadt übertragen. Später, als es am Nachmittag aufklart, verschwimmt der Horizont hinter der noch feuchten

Luft zu blauem Nebel. Kinder rennen über gemahlenen Muschelsand ins Wasser und Minuten später zurück in die ausgebreiteten Handtücher ihrer Eltern, Hunde flitzen am Ufer entlang, unter den gespannten Garnen der Angler hindurch, die im Sand sitzen oder auf der gelben Mole stehen und warten, bis die Dunkelheit den letzten Fetzen Rosa vom Himmel gefressen hat.

Alberto sah in Villa Gesell zum ersten Mal das Meer. Ernesto schreibt in seinem Tagebuch vom silbernen Glitzern des Vollmonds auf den Wellen, die am frühen Abend noch brauner Schaum krönt. Die Jungs hatten bei seinem Onkel übernachtet, der sie vor der Weiterfahrt mit Gemüse und Fleischkonserven versorgte und sie bat, später aus Bariloche zu telegrafieren. Er wollte die Nummer des Telegramms im Lotto spielen.

Im Hotel geht mein Essen auf Kosten des Hauses. Vielleicht sollte ich eine Postkarte schreiben.

Der kleine Platz an der Hauptstraße, hinter einer zerfallenen Bretterbude, an der ein Schild für »Historische Stadtrundfahrten« wirbt, nennt sich großspurig Plaza de las Americas. Die obligatorische Befreierbüste, in diesem Fall die San Martíns, spiegelt sich neben einem bunt erleuchteten Kinderkarussell in einer teichgroßen Regenpfütze. Das Gerät steht still. Kein Kind weit und breit. Aus Lautsprecherboxen plärrt U2 in die Nacht. Grotesken der menschenleeren Nebensaisontristesse. Skateboarder beherrschen die Jugendszene im Ort, sitzen abends in zu großen Hosen am Straßenrand vor den wenigen Pizzerien, Tankstellen und geschlossenen Souvenir-Geschäften.

Im Grunde war Gesell wohl nie mehr als das: Die Häuser zwischen Hauptstraße und Strand, vierzig Blocks vielleicht, dazu ein paar verstreute Bauten jenseits der Asphaltgrenze, 16.000 Einwohner, um die hundert Hotels. Kinder und Enkel des Stadtgründers leben noch immer hier, und am 12. Oktober jedes Jahres feiert die deutsche Gemeinde eine Art Oktoberfest, zur Feier der Entdeckung Amerikas. Das Fest heißt »Día de la Raza«.

Mar del Plata

Vor 72 Jahren kam das Glück nach Mar del Plata. 1930 eröffnete neben dem Luxushotel Provincial das Casino des Badeorts, im rechten Flügel eines Gebäudekomplexes, der im Halbrund die Playa Bristol umschließt wie ein eifersüchtiger Schüler sein Heft. Argentiniens High Society fuhr im Automobil über die neu ausgebaute Ruta Nacional 2 von Buenos Aires nach Süden in die Sommerfrische. Man schickte Kartengrüße aus »Mar del Plata, la Perla del Atlántico«.

Das Provincial hat vor vier Jahren Pleite gemacht. Am Schluss war das frühere Staatsunternehmen eine Absteige, sagt die Angestellte einer Pension am Busbahnhof mit gewisser Genugtuung. An der Playa Bristol hängen die weißen Rollläden schief in den Schienen, wo das Glas fehlt, ersetzen flatternde Plastikplanen die Scheiben. Bis auf ein paar Pizzerien und Spielhallen stehen die meisten Lokale der Ladengalerie leer. Am Strand spielen rotbraun gebrannte Rentner Boccia.

Die Fußgängerzone beginnt mit Muschelbeklebtem. Surfläden verkaufen hawaiische Blumenmotive. Auf Plakaten wirbt ein Kabarett mit Frauen, die dem kahlköpfigen Conferencier ihre Brüste an die Wangen drücken. Ein Traum vom Glück. Privates Sicherheitspersonal bewacht den Eingang zum Bingo Peatonal. Hinter abgedunkelten Scheiben leuchten die Anzeigentafeln von Automaten, die »Bananas« oder »Pink Lady« heißen. Blondierte Frauen starren auf Räder mit Obst oder Zahlen, halten ihre zittrigen Finger über die Tasten und manchmal mischt sich ein Rasseln in die elektronischen Melodiefetzen, wenn Münzen aus den Schlitzen schießen. Sie fangen den Gewinn mit Plastikbechern ein.

Der Filialleiter der Banco de la Provincia de Buenos Aires wartet vor einem Absperrband auf die Polizei und herrscht eine Putzfrau an, die mit erhobenem Lappen erstarrt. Von der Fassade fließen schwarze Pfützen. Es riecht nach Teer. Die Sparer waren da.

Seitdem auch Rentnerinnen, die goldgefasste Sonnenbrillen tragen, mit Suppenkellen auf Geldautomaten einschlagen, und Männer mit Aktentaschen Bankangestellten ins Gesicht spucken, nähern sich die Finanzhäuser mit ihren wellblechgeschützten Glasfronten optisch den Hütten an, in denen an den Rändern der Städte jene Menschen wohnen, die nichts zum Sparen haben, keine Konten führen und keine Kredite in Anspruch nehmen, Menschen, die im neuen Wirtschaftsprogramm des Präsidenten kaum vorkommen. An den Metalltüren der Banco de la Provincia de Buenos Aires, die sich im Halbrund zur Straße wölben, erinnern Graffitis an Proteste der vergangenen Wochen.

Seit wenigen Tagen wird der Dollar in Argentinien wieder frei gehandelt – eine Bedingung des Internationalen Währungsfonds, um dem mit 141 Milliarden Dollar verschuldeten Land weitere Finanzhilfen zu gewähren. Die Kosten, die den Banken durch den garantierten stabilen Wechselkurs für Sparguthaben entstehen, vor allem aber durch die Umwandlung der Dollar- in Pesoschulden zum Kurs von eins zu eins, übernimmt der Staat. Etwa die Hälfte der rund zwanzig Milliarden Dollar wird für den Ausgleich von Schulden großer Unternehmen fällig – Volkswagen, Renault und Telefonica, unter anderen –, deren Schuldenlast sich dadurch von einem auf den anderen Tag mindestens halbiert. Für das laufende Haushaltsjahr hat die Regierung als Wunschziel eine Inflationsrate von 15 Prozent angegeben. Experten rechnen vor, dass schon 10 Prozent ausreichen würden, um 1,7 Millionen Menschen mehr unter die Armutsgrenze zu drücken. Allein im Januar stiegen die Lebenshaltungskosten im Land um 2,3 Prozent. Medikamente verteuerten sich um knapp ein Drittel, weil die Pharmakonzerne weiterhin in Dollar abrechnen.

Der Filialleiter sagt, er habe Bluthochdruck gehabt. So schlimm sei es noch nie gewesen. Wenn ihn seine Angestellten nicht zurückgehalten hätten, hätte er für nichts garantieren können. Die Putzfrau beginnt, den Boden zu kehren. Das gesamte System tauge nichts, sagt der Filialleiter. Er spricht von korrupten Politikern, von anarchischen Zuständen, es klingt nach erhofftem Putsch. Argentinien sei nur der Anfang, sagt er und polstert seine Sätze mit bitterem Gelächter. Wahrscheinlich ist sein Blutdruck inzwischen gesunken. Ohne Drogen- und Waffenhandel sei eine bessere Welt möglich, glaubt der Filialleiter, aber das ließen die Yankees nicht zu, weil dann ihre Wirtschaft zusammenbräche. Keine Polizei in Sicht. Der Filialleiter blickt zum Strand.

An der Playa Bristol wirft die Quilmes-Bierwerbung aus Stahl ihren fußballfeldgroßen Schatten auf den Sand. Badegäste, die auf den Stufen zur Promenade sitzen, lachen über einen Alleinunterhalter, der einen Hut herumgehen lassen wird. Nicht alle werden zahlen müssen. Über ihnen, vor den schwarzen Fenstern des Hotel Provincial, spielt eine Folkloregruppe in der Nachmittagssonne. Ein Mann in einem Alter, das er in genau diesem Augenblick vermutlich als das beste bezeichnen würde, steht von den Stufen auf und zieht seine Frau in seinen Arm. Er lacht zum Tanz.

Miramar

Fünfzig Kilometer weiter südlich, in Miramar, stehen die Apartmentkästen am Wasser leer. Gastronomen ziehen am Ende des Sommers eine katastrophale Bilanz, aber die Geldautomaten funktionieren.

Guillermo, der zwischen einem Internetcafé am Strand und der Universität von Mar del Plata pendelt, spricht vom Planeten Miramar: Die Welt kann untergehen, sagt er, und in Miramar werden die Leute am nächsten Morgen trotzdem aufstehen und an den Strand gehen. Der Ort wird »Stadt der Kinder« genannt. An der gesamten Küste gibt es nur ein Hotel, in zweiter Reihe hinter den Häusern. Die Fünfzigerjahre-Kästen am Strand sind Ferienwohnungen, die von März bis November weitgehend leer stehen. Keine villenhaften Anwesen, kein High-Society-Flair, auch wenn einige der Strandbäder Eintritt zum Meer verlangen. Argentiniens Oberschicht ist in verschwiegenere Buchten umgezogen, seit die Demokratisierung den Mittelstand an den Strand gespült hat. Um den Hals trägt Guillermo ein Bild von Che Guevara. Sein Vater, »ein eingefleischter Guevarist«, hat ihm den Anhänger geschenkt, als er noch ein Kind war.

Am Rande der Hauptstraße, Paseo 9 de Julio, hopsen Teenager auf Spielgeräten herum, die mit Leuchtzeichen Tanzschritte zu dröhnender Musik vorgeben – ein Sommerhit an der argentinischen Atlantikküste. Drei Frauen am Tisch einer Cafeteria unterhalten sich über Klamotten, bis ein Achtjähriger an einen Tisch tritt und um Geld bittet. »Geh arbeiten«, sagt eine, die anschließend ihren Freundinnen erzählt, sie habe den Jungen schon oft am Strand gesehen, wo er Getränke verkaufe, statt in die Schule zu gehen, als handle es sich dabei um einen renitenten Akt. Seine Eltern seien Zigeuner, »und seine Mutter, das ist diese ... naja, sehen ja eh alle gleich aus«. Die Frauen lachen und wechseln das Thema.

Julio, der das Café del Sol an der Strandpromenade leitet, weiß von der Poderosa, von Alberto, Ernesto und dem Abschied von Chichina in Miramar, wo die Reise damals beinahe schon geendet hätte: »Der Strand war menschenleer und von See wehte ein kühler Wind. Mein Kopf lag in dem Schoß, der mich an diesen Ort band. (...) Im riesigen Bauch des Buick lebte meine auf bourgeoisen Fundamenten ruhende Welt fort.« Am 13. Januar 1952 brachten die Jungs dann doch den letzten Abschied von Bekannten und Freunden hinter sich und brachen auf zu ihrem Abenteuer. Julio, der am 24. März, dem Tag, an dem 1976 in Argentinien das Militär putschte, geboren wurde, kennt die Guevara-Reise aus Erzählungen seiner Eltern.

Sie waren beide Journalisten und veröffentlichten in der Zeitschrift *Estrella Roja* (Roter Stern), als die Redaktion schon im Untergrund arbeiten musste. Nachdem sein Vater den letzten Artikel geschrieben hatte, verließen sie nachts ihre Wohnung in der Hauptstadt und versteckten sich im Haus von Julios Großmutter. Am nächsten Morgen stand die Polizei vor der Tür ihrer leeren Wohnung.

Julio war bei einem Schweizer Pharmakonzern angestellt, bis er im vergangenen Jahr entlassen wurde. Das Café del Sol hat er mit seiner Schwägerin gekauft. Die erste Saison, sagt er, sei nicht gut gelaufen. Das allerdings könnte auch damit zu tun haben, dass jedes zweite Bier aufs Haus geht, wenn es Nacht wird, Julio die Glastür schließt und wartet, bis der letzte Gast den Heimweg angetreten hat.

Auf der gegenüberliegenden Straßenseite erzählt die Besitzerin des Hotel Ideal, sie sei mit ihrem Mann schon vor Jahren vom Hauptstadtvorort Quilmes nach Miramar gezogen, weil ihnen die Gewalt in Buenos Aires zu heftig geworden sei. Seitdem beschwert sie sich im Fremdenverkehrsbüro über die faulen Angestellten, und wenn man ihr sagt, Miramar sei schließlich nicht Buenos Aires, erwidert sie: »Verdammt richtig, da funktioniert der Tourismus nämlich wenigstens.«

Als ich sie auf den Besuch von Ernesto Guevara in Miramar anspreche, weicht das Lächeln aus ihrem dienstleistungsbereiten Gesicht. Es sei ein Wunder, sagt sie, dass man sie damals nicht selbst abgeholt habe. Immerhin sei sie mit Leuten befreundet gewesen, von denen sich später herausstellte, dass sie bei den Montoneros, einer argentinischen Guerillagruppe, aktiv waren. Sie selbst habe ja nichts gewusst, sagt die Hotelbesitzerin aus Quilmes. Und: Klar, Kommilitonen seien damals verschwunden, aber sie habe immer gedacht – und in Miramar höre ich den viel zitierten schrecklichen Satz zum ersten Mal ausgesprochen: »Algo habrán hecho«, irgendwas werden sie schon getan haben, was sie besser hätten sein lassen. Ich frage mich, welches Interesse die Militärs an dieser Frau gehabt haben sollten, die gefügig weggeschaut hat, als ihre Freunde abgeholt wurden. Sie fragt, ob ich ihr den Miramar betreffenden Teil aus Ches Reisenotizen mailen könnte. Touristisch, sagt sie, sei das interessant.

Die Fahrt nach Necochea endet nach zwei Stunden an einem nichtssagenden Busbahnhof. Drei Stunden später fährt der nächste Bus nach Bahia Blanca. Ich habe beschlossen, nicht an jeder Station der Jungs Halt zu machen: Wegen der kränkelnden Poderosa kamen sie nur langsam vorwärts, die Angaben zu ihren Raststellen sind häufig unpräzise und ich habe drei Monate weniger Zeit als sie, um die gleiche Strecke zurückzulegen – weniger aufregend, dafür komfortabler mit öffentlichen Verkehrsmitteln.

Am rechten Straßenrand grasen die argentinischen Steaks von morgen, links lassen abgeblühte Sonnenblumen die Köpfe hängen, als hätten sie ein schlechtes Gewissen. Wir halten an drei Busbahnhöfen, immer gleiche Achtzigerjahre-hafte Stahlträgerkonstruktionen, meist ohne Namen, und erreichen um zwanzig Uhr Bahia Blanca. Ich frage mich, ob es Sinn macht, hier die Nacht zu verbringen und in die Stadt zu fahren, betrachte die rauchenden Industrieschornsteine am Postkartenständer und kaufe eine Fahrkarte für den nächsten Bus nach San Martín de los Andes, der Bahia Blanca fahrplanmäßig um halb drei am Morgen verlassen soll.

In den Verschlägen der Busunternehmen rahmen die Namen der Haltestellen an den Fenstern die Köpfe der Angestellten dahinter. Am Kiosk gibt es Schokoriegel, Zigaretten und Zeitschriften. Im Bahnhofslokal ist das Licht entweder zu hell (vor eins) oder zu dunkel (nach eins), aber wahrscheinlich ist das auf der ganzen Welt so, und nach dem zweiten Bier wirkt das Ambiente gemütlich. Sogar die angespannten Gesichter der Kellnerinnen werden weicher, als der lärmende Andrang nach Mitternacht nachlässt. Es hat etwas von Exodus, wie die Wartenden draußen auf Plastiktüten, Taschen und Paketen sitzen. Manchmal dampft frisch gebrühter Mate zwischen ihren Händen. Von den Fahrern, die in dunklen Bundfaltenhosen und weißen Hemden über die Plattformen laufen, gibt es zwei Sorten: Diejenigen, die bei jedem Halt ihre Handys zücken und ungehalten die Fahrscheine abreißen, wie es ihnen ohnehin nur schwer gelingt, ihren Unmut darüber, kein Flugzeug unter dem Hintern zu haben, mit Arroganz zu überspielen. Und dann gibt es die Komplizenfahrer, die auf der Landstraße den Fahrern anderer Busse zuwinken, sich gelassen über die Anweisungen hinwegsetzen, die ihnen die Busunternehmen hinter die Sitze geschraubt haben: »Nicht rauchen«, »Nicht mit dem Fahrer sprechen« sowie der überwiegend respektierte Klassiker »Nicht spucken«. Fahrer, die dich in ihrer Kabine rauchen lassen, dir einen Mate anbieten und über das Leben auf der Straße erzählen.

Die Fahrt von Bahia Blanca nach San Martín de los Andes dauert 14 Stunden. Ernesto und Alberto waren zehn Tage lang unterwegs, unterbrochen von Unfällen, Asthmaanfällen und anderen Widrigkeiten.

San Martín de los Andes

Ich verschlafe die Dünen von Medanos, Schauplatz der spektakulärsten Motorradstürze der Jungs, und bin beim Aufwachen froh, im Bus zu sitzen, jedenfalls nicht hinter einem irgendwie gearteten Steuer. Draußen beginnen die ersten Hügel aus der Ebene zu treten. Im Bus verteilt eine Art Stewardess in kurzem roten Uniformrock Kekse, später wird sie einen Korb mit Bonbons herumreichen.

Der Halt in Neuquén dauert länger. Es wird deutlich kühler, die Menschen stehen in dicke Jacken gepackt an den Plattformen. Ein alter Gaucho steigt in den Bus, ein kleiner, drahtiger Mann mit weißem Haar und Bartstoppeln im braun gegerbten Gesicht, der Halbschuhe trägt, Jeans, ein löchriges kariertes Jackett und einen Hut. Unterwegs wachsen die Berge vor dem Fenster immer höher, kurzes gelbes Gras krallt sich in Büschelformationen an den kalten Boden. Im Fernsehen läuft »Startroopers«. Immer wieder blitzen am Straßenrand kleine weiße Steinhütten mit Heiligenfiguren auf, meistens Jungfrauen, ausgestattet mit einem Vorhof aus leeren Zwei-Liter-Limoflaschen. Hinter den Steigungen eröffnen sich riesige Täler und Dimensionen, so unglaublich wie gemalte Filmpanoramen. Abgesehen von ein paar Abschnitten mit Schlaglöchern, bei denen der Bus sein Tempo reduzieren muss, sind die Straßen heute in hervorragendem Zustand. Die Jungs bretterten vor fünfzig Jahren über Schotterpisten. In den Bergen, wo am Horizont die schneebedeckten Spitzen der Anden aus der grauen Silhouette ragen, beneide ich die beiden dann doch um ihr Motorrad. Es muss wunderbar sein, hier einfach abzusteigen und sich einen Augenblick lang allein auf der Welt fühlen zu können.

Irgendwann hält der Bus auf freier Strecke und lässt den Gaucho aussteigen, ohne dass durch irgendeinen Hinweis am Straßenrand klar würde, warum er ausgerechnet hier anfängt ins Feld zu laufen.

Siebenhundertfünfundsechzigtausendsiebenhundertzwanzig Quadratkilometer, eine Million Einwohner, zehn Mal so viele Schafe. Patagonien ist doppelt so groß wie Deutschland, und wenn man sich die Schaufenster in San Martín de los Andes ansieht, fragt man sich, was Einheimische und Touristen getragen haben, bevor der Fleecestoff erfunden wurde. Jedenfalls leben die Schafe seitdem friedlicher, wärmer, ungeschorener eben. In den vergangenen fünfzig Jahren hat sich der Ort vom »trübseligen, ziemlich hässlichen Dorf«, das die Jungs vorfanden, in ein andines Touristenzentrum verwandelt. Von der früher alles beherrschenden Holzindustrie sind vier Unternehmen übrig geblieben. Veranstalter von Abenteuerexkursionen, die die Jungs damals auf eigene Faust unternahmen, säumen die Hauptstraße.

Nachmittags wird es eng auf den Gehsteigen, die unter Holzvordächern schnurgerade Richtung See führen. Aufkleber, die auf akzeptierte Kreditkarten hinweisen, verkleiden die Glastüren der Geschäfte nahezu blickdicht. Der Norden Patagoniens wird *Argentina suiza* genannt, wo *Chocolaterias* hundertundmehrjährige europäische Tradition mit Kakao beschwören, bis die Lippen süßgespült an den Zähnen kleben. Die Siedler aus der Schweiz, aus Deutschland und Norditalien kamen Ende des vorvergangenen Jahrhunderts an den Lago Lacán. Die Plastikoma auf dem Dach einer Fachwerkzeile, die in einem containergroßen Topf reglos Schokolade rührt, der röhrende Hirsch aus Bronze vor dem Rathaus und die themenparkhaft arrangierte Alpenromantik wären spaßiger, ginge das bemühte Traditionsbewusstsein nicht auf Kosten derer, denen die indigene Abstammung ins Gesicht geschrieben steht. Es ist die unheilvolle Mischung aus aufreizendem Selbsthass der ewigen Einwanderer verbunden mit häufig unreflektiertem Pochen auf Traditionen und vermeintliche Tugenden der Vorfahren, die europäische Kolonien im lateinamerikanischen Süden oft schwer erträglich machen. Die sozialen Kämpfe des vergangenen Jahrhunderts sind weitgehend spurlos an San Martín vorübergegangen; Staub scheint auf diesen Holzhütten zu liegen, in denen sich die Bewohner den Toten auf den vergilbten Siedlerfotos oft näher fühlen als ihren Mitmenschen.

Miguel, der seit Beginn der argentinischen Wirtschaftskrise die Tage damit zubringt, seinen Backwerken im kleinen Laden beim Austrocknen zuzusehen, sagt, die *Indígenas* hörten auf zu arbeiten, sobald sie genug Geld zum Leben verdient hätten. Wahrscheinlich hat die Verachtung in seiner Stimme damit zu tun, dass er, Miguel, Sohn italienischer Einwanderer, gearbeitet hat, um Geld zu sparen, wie sich das gehört, Geld, das ihm seit Dezember nicht mehr gehört, jedenfalls nicht so viel wie zu Zeiten der Dollarbindung, und dass ihn, Miguel, die Einsicht schmerzt, dass er sich weniger sorgen müsste, wenn er nur gearbeitet hätte, um genug Geld zum Leben zu verdienen.

Als besonders unangenehmes Beispiel für die »Infiltration deutscher Nazis in Patagonien« empfand Alberto seinerzeit das Gebäude, in dem die Jungs auf dem Weg nach San Martín an der Landstraße übernachteten. Der Eigentümer, ein »relativ junger Deutscher mit dem Aussehen eines preußischen Offiziers«, hatte schon einmal einem Onkel Ernestos Unterkunft gewährt; in seinem Tagebuch äußert sich der Neffe wohlwollend über die »gastfreundlichen deutschen Besitzer« – immerhin schliefen die Jungs unterwegs meistens in Schuppen, Scheunen, Polizeistationen oder Krankenhäusern.

Oscar kann sich nicht erklären, was Alberto gegen seinen Großvater aufgebracht hat, erinnern kann er sich erst recht nicht: Oscar war damals ein Jahr alt und der Junge, der in ihrem Haus schlief, »war hier als Ernesto Guevara, nicht als Revolutionär Che Guevara, das ist ein Unterschied«, und der scheint Oscar sehr wichtig zu sein. Die ganze Geschichte sei nur eine Anekdote, nichts weiter, ein Zufall, »keine ideologische Gemeinsamkeit«. Dass er sich heute überhaupt noch damit auseinandersetzen muss, mag vor allem daran liegen, dass seine Familie zu den wenigen gehört, die zumindest in Albertos Tagebuch namentlich erwähnt sind, wenn auch falsch geschrieben.

Als ich mich am Telefon mit ihm verabrede, nennt er eine vage Adresse und sagt, der Taxifahrer werde Bescheid wissen, wenn ich »Casa von Puttkamer« sage. Nun, mein Fahrer weiß es nicht, wie wir auf einer steilen Schlammpiste feststellen müssen, an der das Auto streikt. Per Funk lassen wir uns von anderen Fahrern den ganzen Weg zurück bis vor eine kleine Häusergruppe lotsen. Oscar steht vor seinem Haus und lächelt verhalten. Später erzählt er, dass er beantragt hat, den Weg, der zu den Häusern führt, künftig Andrés-von-Puttkamer-Weg zu nennen, nach seinem Großvater.

Der kleine Junge, den Ernesto in einem Brief an seine Mutter erwähnte, ist heute 51 Jahre alt und Vater von vier Kindern. Sein Jüngster, Andrés, wohnt noch zu Hause. Er will studieren, wenn er mit der Schule fertig ist, und vor allem Rugby spielen. Oscars Frau unterrichtet Englisch im Ort. Ihr Häuschen hat etwas abbekommen von dem Jahr, das sie in den Vereinigten Staaten verbracht hat: Countryidyll auf Tellern und Wandbildern, kleine Figürchen allenthalben. Die Decke knarzt, wenn jemand im ersten Stock barfuß über den Boden läuft. Anders als heute führte die Landstraße früher direkt am Grundstück der Puttkamers vorbei. Das Haus seines Großvaters, das *Castillo* (Schloss), wie Oscar sagt, steht allerdings schon seit vier Jahren nicht mehr. Das Wappen seiner Familie hat er vor dem Abbruch gerettet.

Er könne sich also, wiederholt Oscar, beim besten Willen nicht vorstellen, wie Alberto auf die Nazi-Geschichte gekommen sei. Andrés von Puttkamer kam 1886 nach Patagonien und heiratete eine einheimische Mapuche. »Es gab keine anderen Frauen«, sagt Oscar, »die Einwanderer mussten nehmen, was da war.« Er lacht.

Vielleicht habe jemand aus seiner Familie eine Bemerkung fallen lassen, die die Jungs missverstanden haben. Oscar erzählt von einem Brief, in dem Verwandte aus Deutschland seinen Großvater während der Wirtschaftskrise der zwanziger Jahre baten, ihnen Seife zu schicken. »Seife«, sagt Oscar, »das muss man sich mal vorstellen.« Hitler habe dem Land aus der Krise geholfen, »dafür gab es in meiner Familie gewisse Sympathien«. Teilgenommen hätten sie aber an nichts, bestimmt nicht. Wie zum Beweis erwähnt Oscar, sein Großvater habe Bismarck gekannt, »der war nämlich mit einer von Puttkamer verheiratet«, aber keine Nazis. Nein. Er hat hellbraune Augen, dunkles Haar, zum Seitenscheitel gekämmt, und trägt einen Vollbart.

Ihn wundere die Bedeutung, die diesem Besuch beigemessen werde. »Ich sage es noch einmal«, sagt Oscar noch einmal, »es war Ernesto Guevara, der hier übernachtet hat, ein Medizinstudent, nicht der Che.« Oscar erinnert sich an die Zeit, als seine Eltern anfingen, wieder von ihm zu sprechen, »1958 muss das gewesen sein, als die Nachrichten von den kubanischen Guerilleros nach San Martín kamen, und sie sagten: ›Hey, sieh mal, das ist doch der Junge, der bei uns war.‹« Und Oscar erinnert sich an den 24. März 1976, als die langen Jahre des Schweigens begannen. Damals erzählte er niemandem von den beiden Jungs im Haus seines Großvaters, nicht mal von Ernesto, dem Medizinstudenten. »Man konnte nicht über Che sprechen«, sagt Oscars Frau, die am Esstisch sitzt und Klassenarbeiten korrigiert. »Marx war ein Schimpfwort, seine Bücher wurden verbrannt. Hier, in meiner Schule waren sie und haben Bücher mitgenommen. Wer hätte zu dieser Zeit schon vom Che gesprochen?«

Oscar sagt, er halte Guevara für einen Söldner, der »in Ländern gekämpft hat, in denen er nichts zu suchen hatte«. Und weil Oscar von »Schuld« spricht, wenn er sagt, dass ohne Che in Lateinamerika die revolutionären Bewegungen der sechziger und siebziger Jahre nicht entstanden wären, spricht er ihn auch schuldig für die anschließende Repression der Militärs, schuldig für den Verlust einer Generation, deren Knochen in Bergseen modern, schuldig dafür, »dass die Politik immer aggressiver und irrationaler wurde«, schuld daran, »dass Argentinien in der weltgeschichtlichen Entwicklung dreißig Jahre zurückgeworfen wurde«, obwohl er den Kreis der Angeklagten im Laufe des Gesprächs ausdehnt, korrupte Politiker miteinbezieht und Sympathie für »die historische Gestalt« Fidel Castro bekundet.

Er bedaure, dass Guevara in Bolivien getötet wurde. »Weil mich interessieren würde, was er zu der heutigen Situation sagt. Ich glaube, er würde viele seiner Fehler zugeben und einer davon war, den bewaffneten Kampf zu propagieren. Ein Fehler, den viele Jungs hier in Argentinien wiederholt haben. Guevara war ein extrem intelligenter Mensch, deshalb glaube ich, dass er heute selbst zu seinen schärfsten Kritikern zählen würde.« Um Missverständnissen vorzubeugen erwähnt Oscar dann noch, dass er grundsätzlich den Tod jedes Menschen bedaure und nicht der Auffassung sei, dass Menschen wegen ihrer Überzeugungen getötet werden sollten. Er sei ein unpolitischer Mensch, sagt Oscar.

Auf dem Weg zurück ins Zentrum fahren wir mehrfach die Hauptstraße entlang, Oscar erzählt von der Geschichte der Häuser und der Leute, die sie bewohnen. Aus dem Werkzeugschuppen an der Calle Sarmiento, in dem die Jungs damals in San Martín übernachtet haben, soll irgendwann ein Museum entstehen, bisher existieren allerdings nur die Pläne. Das Gebäude auf dem Gelände der Nationalparkverwaltung steht leer. Als ich aussteige, sagt Oscar, er habe mit Alberto sprechen wollen, als er vor zwei Jahren in der Gegend war und Vorträge hielt, aber er konnte nicht, weil er arbeiten musste. »Gib ihm meine E-Mail-Adresse, falls du ihn in Kuba triffst, und richte ihm aus, dass ich gerne wüsste, wie er darauf kommt, dass mein Großvater ein Nazi war.«

Der »Weg der sieben Seen« von San Martín de los Andes nach Bariloche führt eigentlich an neun bis zehn stehenden Gewässern vorbei, blaue Spiegel, in denen die Anden glänzen, als sei eine einzige Kordillere nicht genug, um sprachlos zu machen. Als die Jungs die Strecke vor fünfzig Jahren auf der Poderosa abfuhren, war es vermutlich die einzige Verbindungsstraße zwischen den beiden Orten.

Guillermo, ein Freund von Miguel, dem Sohn italienischer Einwanderer, kennt die Strecke. Unterwegs erzählt er von seiner Reise nach Europa, von nackten Schwedinnen in Herrenduschen auf italienischen Campingplätzen und davon, wie er daraufhin vor Aufregung seinen Rasierapparat im Nassraum vergaß, während vom Lago Villarino Frühnebel aufsteigt. Die Feen, die hier ganz bestimmt leben müssen, sind vermutlich vor Guillermo geflohen, der jetzt die Marke des Rasierapparats erwähnt, den er damals in der Herrendusche liegen gelassen hat, anschließend von seinem lahmen Bein erzählt und von den 26 Zypressen, die er in La Angostura verkaufen will, auf halbem Weg nach Bariloche. Früher war er Lastwagenfahrer. Er sagt, er habe immer Anhalter mitgenommen, weil er solidarisch ist und so gerne erzählt. Seit er vor kurzem mit zwei Schweden unterwegs nach Ushuaia war, ans Ende der Welt, und auf den ersten Kilometern feststellte, dass beide kein Wort Spanisch sprachen, stellt er gewisse Mindestanforderungen an Tramper.

Er kommt zu spät, in La Angostura sind die meisten Holzhändler beim Mittagessen. Guillermo kritzelt Mitarbeitern seine Anschrift auf Notizzettel und fährt weiter, am Ufer des Lago Nahuel Huapi entlang, erzählt von seiner Schwiegermutter, von seinen Überlegungen zu Politik und Geschichte, die meistens darauf hinauslaufen, dass die Engländer an allem schuld sind, von seinem siebten Sinn, der ihm sagt, wann ihm in der Kurve ein Auto entgegen kommt, weshalb es für ihn auch gar kein Problem ist, eben mal beim Fahren auszurechnen, wie viele Kubikmeter Holz eigentlich 26 Zypressen sind, bis ich ihm den Taschenrechner aus der Hand reiße und endlich die weißen Häuser von Bariloche am gegenüberliegenden Seeufer auftauchen. Guillermo hält für ein Erinnerungsfoto.

»Siehst du das Tal zwischen den Bergen, hinter der Stadt?« fragt er. »Am Ortsausgang liegt ein Elendsviertel, eine riesige *Villa Miseria*, der Weg ist gefährlich.« Vor einem halben Jahrhundert gab es die Siedlung noch nicht. Der Slum ist ein Produkt der vergangenen zehn Jahre. Weniger als zehn Prozent der argentinischen Bevölkerung besitzen heute achtzig Prozent des nationalen Reichtums.

Bariloche

In Bariloche, Hauptstadt der Schokohasen und der Mörder, stehen die Kinder der *Villa Miseria* vor den Türen der Pralinengroßhändler und bitten um Münzen, meist Mädchen mit Pferdeschwänzen und abgewetzten Anoraks. Nachts kommen die Älteren über den Berg in die Stadt und klauben Wertstoffe und Essensreste aus dem Müll. Auf dem Rathausplatz warten Fotografen in der Nachmittagssonne und zerren Bernhardiner in Erinnerungsbilder, passend abgerichtet zum pseudoalpinen Architekturkitsch im Hintergrund. Ein missmutiger Stadtrundfahrer, der einen bereiften Bummelzug durch die Stadt zieht, herrscht Passanten an, die jetzt endlich in sein lächerliches Fahrzeug steigen sollen, weil es schließlich gleich losgeht. Auf einem Sockel in der Mitte des Platzes reitet General Roca, der von 1879 bis 1883 die »Campaña del Desierto« leitete, bei der die einheimische indigene Bevölkerung weitgehend vernichtet wurde.

Früher war auch das Postamt in einem der Gebäude am Centro Cívico untergebracht, wo Ernesto Chichinas Nachricht erhielt, dass sie nicht auf ihn warten werde. In seinem Tagebuch schreibt er: »Bis zu diesem Moment, in dem sich mein Mangel an Gefühl herausstellte, hatte ich geglaubt, sie zu lieben; ich müsste sie mit meinem Verstand wiedererobern, ich müsste um sie kämpfen, sie gehörte mir, mir, m… mich übermannte der Schlaf.« Vor den Schaltern im neuen Gebäude stehen die alten Holzpostfächer wie Riegel im Raum. Ernesto überliefert nicht viel aus San Carlos de Bariloche.

Deutsche und Schweizer kolonisierten zu Beginn des vergangenen Jahrhunderts das Seengebiet. Der KZ-Arzt Mengele soll sich zeitweise in Bariloche aufgehalten haben, Klaus Barbie wurde beim Skifahren gesehen. Als SS-Offizier Erich Priebke ausgeliefert wurde, organisierte die deutsche Gemeinde einen Protestmarsch in Anerkennung seiner Verdienste als Präsident des deutsch-argentinischen Freundschaftsvereins. Der Bürgermeister konnte sie in letzter Minute davon abbringen, auf die Straße zu gehen, um nicht als erste argentinische Stadt in die Geschichte einzugehen, in der die Bevölkerung für einen Nazi demonstriert. Ein Journalist, der mit dem Rücken an General Rocas sonnengewärmtem Sockel lehnt, sagt, die Polizisten, die Priebke zum Flughafen brachten, hätten ihn zum Abschied umarmt.

Die Berge am Horizont des riesigen Nahuel Huapi mischen sich am Nachmittag zu einem unglaublichen Panorama, ganz in Blau, wie Wasserflecken auf Löschpapier. In der Innenstadt verkaufen Händler T-Shirts mit der Aufschrift »BariloCHE«, am gleichen Ständer hängen Hemden, auf denen Fußballstar Diego Maradona seine Guevara-Tätowierung in die Kamera hält und spricht: »Che war ein Rebell und ich bin es auch«. Batistuta, Boca Junior, *hasta la victoria siempre.*

Die Verkäuferin auf dem Kunsthandwerksmarkt, die den *Guerrillero Heroico* auf Batikstoffe bannt, behauptet, Che sei schon immer ein Gegenstand ihrer künstlerischen Arbeiten gewesen, das habe nichts mit Kommerzialisierung zu tun. Sie wirkt ein wenig empört, während sie das sagt. Zwei Männer in einem Laden an der Hauptstraße geben zu Protokoll, die meisten ihrer Kunden wüssten nicht viel über den Mann auf den T-Shirts, die sie kaufen. Mit Ausnahme der deutschen Touristen, sagen sie, die könnten sogar alle etwas mit Pablo Neruda anfangen, aber wahrscheinlich wollen sie nur höflich sein. In den Wechselstuben kostet eine US-amerikanische Währungseinheit inzwischen fast drei der ehemals dollargebundenen argentinischen Pesos.

Um möglichst billig von der argentinischen auf die chilenische Seite der Anden zu gelangen, verdienten sich Ernesto und Alberto die Überfahrt auf dem Lago Esmeralda, indem sie den Kielraum des Fährschiffs leer pumpten, »halbnackt und bis zu den Knien im öligen Schlamm stehend«. Heute führt eine bequeme Landstraße von Bariloche nach Chile, und wer sich für die ehemals billigste Reisevariante entscheidet, wählt damit die teuerste. 130 Dollar kostet der »Cruce de Lagos«, Argentinier und Chilenen zahlen die Hälfte: Im Bus von Bariloche nach Puerto Pañuelo, auf dem Schiff über einen Seitenarm des Lago Nahuel Huapi nach Puerto Blest, im Bus von Puerto Blest nach Puerto Alegre, auf dem Schiff über den erbsencremesuppengrünen Lago Frío nach Puerto Frías, im Bus von Puerto Frías nach Puella, auf dem Schiff über den karibikblaugrünen Lago Esmeralda nach Petrohué, im Bus von Petrohué nach Puerto Varas. Chile.

An der Grenze in Puerto Frías kontrollieren mürrische argentinische Zollbeamten die Pässe. Im Bus überqueren wir die Grenze, die ein Holzschild mit eingeritzten rudimentären Landesinformationen markiert. Wir dürfen aussteigen, um zu fotografieren. Ein Paar tut es. Auf der chilenischen Seite durchsuchen Grenzbeamte das Gepäck. In meiner Tasche stoßen sie direkt unter dem Reißverschluss auf eine dicke Schicht Guevara-Literatur. »Nur Bücher«, sage ich, und während der Beamte nur eine wohlwollende Bemerkung über meine Lesegewohnheiten macht, wird mir die Relativität meiner Aussage bewusst. Vor 25 Jahren hätten diese Bücher selbst ausländische Journalisten in Schwierigkeiten gebracht, zu einer Zeit, als chilenische Soldaten in den Straßen von Santiago Werke über den Kubismus verbrannten, weil sie glaubten, es handle sich um subversive Literatur über das revolutionäre Kuba.

Auf dem letzten Kilometer, den wir vom Mittagslokal zur Anlegestelle von Puella laufen, taucht der See vor uns auf, den sie wegen des Tages, an dem er entdeckt wurde, auch Todos los Santos, Allerheiligen, nennen: Ein grüner Wasserstreifen hinter hohem Gras, auf dem ein paar Schiffe schaukeln, umgeben von riesigen Schattenbergen. Ernesto hat die Badetemperatur des Sees lobend hervorgehoben; mit trockenem Kopf betrachtet ist er einfach nur unfassbar schön. Auf der Überfahrt taucht im Osten als Erstes der 2190 Meter hohe Cerro Puntiagudo auf, und während man noch benommen seine ewig weiße Spitze anstarrt, ragt weiter vorne auf einmal der Osorno empor, majestätisch, gigantisch, 2652 Meter hoch, mit irgendwie würdevoll weich abfallenden Hängen, der schönste Vulkan Lateinamerikas. Die Natur übertrifft sich im Süden Chiles mit Superlativen, aber der Osorno bewirkt immer wieder, dass der Mund noch ein bisschen weiter offen steht. Ich sitze an Deck in der Sonne unter einer chilenischen Fahne, lächle und sauge Mate aus einem Metallstrohhalm, den man *Bombilla* nennen muss, wenn man sich nicht blamieren möchte.

Die Jungs waren so versessen auf das bittere Getränk, dass sie sich unterwegs noch auf Andenpässen Schnee zum Mate-Trinken schmolzen, also fühle ich mich gewissermaßen in der Pflicht und habe entschieden, dass mir das Getränk spätestens bis Carácas schmecken muss. Zu diesem Zweck führe ich ein Kilo »Yerba Mate« mit mir, auf dass mich wenigstens das störende Gewicht im Gepäck zum raschen Konsum treiben möge.

Die Abfahrt zu den Saltos del Petrohué – Stromschnellen, die sich zu weißem Schaum entfärben, wenn das Wasser auf das schwarze Vulkangestein prallt, um anschließend in die Tiefe zu stürzen, im Hintergrund die großartige Silhouette des Osorno – müssen die Jungs verpasst haben, anders ist nicht zu erklären, dass dieses Naturereignis in ihren Tagebüchern keine Erwähnung findet. Zwei US-Amerikaner erzählen auf einem Aussichtssteg über dem Abgrund, wie sie vor einer Woche in Calafate Glück hatten, weil ausgerechnet während ihres Ausflugs zum Perito Moreno ein Stück vom Gletscher abbrach. Sie waren ziemlich nah dran, sagen sie, und dass ihr Führer gesagt hat, so etwas passiere ganz, ganz selten. So viele Menschen machen sich mit dem Rucksack auf nach Süden, auf der Suche nach Einmaligem, das sich in den engen Reisezeitplan fügen soll. Es hat etwas Deprimierendes, wahrscheinlich deprimieren wir uns alle gegenseitig, wenn wir einander in den Herbergen dieser Gegend begegnen, weil diese Begegnungen die mühsam entworfene Illusion der Einmaligkeit in Frage stellen. Mit Goretex- und Survivalfinessen ausgestattet für Abenteuer, die nicht stattfinden, verübeln wir dem Menschen (dem? ha! den) neben uns, dass auch sie beinahe von einem Gletscherbrocken erschlagen worden wären, und wenn wir nicht dabei waren, sondern später davon hören, beginnen wir, Einmaliges in unserem Gedächtnis zu inventarisieren, das dem entgegenzusetzen wäre.

Ernesto schreibt: »Wir kamen in Osorno an, schnorrten uns in Osorno durch und fuhren von Osorno fort, immer nach Norden durch die wunderschöne chilenische Kulturlandschaft.« Nach einer Nacht in Puerto Varas fahre ich am nächsten Morgen ohne Zwischenstopp weiter nach Valdivia.

Valdivia

Der Weg zum Fischmarkt führt der Nase nach ans Ufer des Río Valdivia, wo das Licht durch aufgespannte orangegelbe Plastikplanen auf die nassglänzende Haut der aufgeschnittenen Auslagen fällt und farbig leuchtet, auf Hechte, Makrelen, Muschelschalen und Lachsleiber. Dahinter, an festen Steintischen, säubern die Fischer die Reste des Fangs, schlitzen Bäuche auf, greifen mit ihren roten Händen nach Innereien und werfen den Abfall hinter sich, wo auf Betonmolen Seelöwen im Regen liegen, meistens reglos wie große Fleischberge, obwohl sie sich für einen Fischkopf ziemlich weit aufrichten können und mit der Schwanzflosse am Hals kratzen, wenn es sein muss. Manchmal werfen sich die Seelöwen gegenseitig von der Mole und verschwinden minutenlang unter der Oberfläche des grünen, trüben Flusses. Wenn sie auftauchen, werfen sie mit Schwung die Hälfte ihres Oberkörpers aufs Ufer, ziehen den Rest nach und legen dann den Kopf in den Nacken, als erwarteten sie eine Anerkennung. Ab 14 Uhr wird abgebaut. Mit Gartenschläuchen reinigen die Fischer ihre Stände, das Prasseln des Wasser spritzt ins Brutzeln kleiner Kastengrills, auf denen die Männer und Frauen braten, was sie nicht verkaufen konnten.

Rucksacktouristen, die von Kolumbien nach Feuerland ziehen, halten selten in Valdivia, auch wenn sich die Stadt bis heute mit dem Beinamen »Perla del Sur« nach Aufmerksamkeit reckt. Historisch betrachtet hat Valdivia irgendwie Pech gehabt. Es begann mit ihrem Gründer Pedro de Valdivia, als er 1553 nach einem verlorenen Kampf gegen die Mapuche an einen Baum gefesselt und gezwungen wurde, flüssiges Gold zu schlucken. 1600 nahmen holländische Piraten die Siedlung ein, die im Laufe des 17. Jahrhunderts immer wieder zum Angriffsziel aufständischer Einheimischer wurde. Dreihundert Jahre später – die kapitalistisch ambitionierte deutsche Einwanderergemeinde hatte Valdivia gerade zu einem Zentrum für Brauerei, Schiffsbau und Möbelfabrikation aufgerüstet – wurde die Stadt 1960 von einem heftigen Erdbeben und der darauf folgenden Flutwelle weitgehend zerstört. An den Reichtum vergangener Tage erinnern nur noch wenige Häuser an der Uferpromenade, der Rest ist jahrhundertmittige Schuhkartonarchitektur.

Spaziergänge im Zentrum verlaufen ohne hoffnungsvolle Perspektiven. In einer Seitenstraße, im Schaufenster des Brautmodengeschäfts Patricia mit dem Hinweis »Maßschneiderei«, versinken haarlose Plastikmodels in zu großen Kleidern. Vor dem Supermarkt sitzen blau uniformierte, minderjährige Einkaufstütenpackhilfen unter einem Vordach, rauchen und sehen dem Regen zu, der in Valdivia immer nur gerade so lange aufzuhören scheint, bis die Pfützen vom Pflaster getrocknet sind. Im Internetcafé schreitet eine Mapuche lautlos die Reihe virtuell grüßender Gringos ab und bittet um Kleingeld. Die Frauen, die am Rande der Plaza de Armas stehen, verkaufen etwas, das in Plastiktüten steckt, eine kramt nach dampfenden Maiskolben, eine andere hält Petersilienstiele in der Hand wie einen Brautstrauß.

Der argentinische Honorarkonsul, von dem sich die Jungs nach Angaben Albertos »schlecht behandelt« fühlten, ist ohne Nachfolger geblieben. Mit historischem Versagen hat das vermutlich wenig zu tun, eher mit dem grauen Himmel über Valdivia.

Temuco

Zu Beginn des vergangenen Jahrhunderts muss Temuco schön gewesen sein, anders lässt sich die Liebe des Dichters Pablo Neruda zu seiner Heimat im Süden kaum erklären. Glas spiegelt den ärmlichen Alltag auf der Straße in die Fantasiewelten der Einkaufszentren, Gabriela Mistral muss ihr Gesicht auf dem Fünftausend-Peso-Schein für ein Kreditangebot hinhalten, die Sonne scheint, der Himmel hängt voller Leuchtreklamen. Im Premium Café an der Plaza Pinto tragen dunkle, holzgetäfelte Wände Schwarzweißaufnahmen aus einer anderen Zeit, Bilder von verstorbenen Orten und toten Gebäuden. Der Kellner zuckt die Schultern, macht mit der flachen Hand eine Umsturzbewegung. *Caen*, sie stürzen eben ein, irgendwann. Wo früher das Cine Central war, steht heute eine Filiale der Kaufhauskette Ripley.

Die Regionalzeitung *El Diario Austral* hat in mehr als hundert Jahren wohl nur ein einziges Mal exklusiv über ein Ereignis berichtet, das Geschichte machte, aber das konnte am 19. Februar 1952 niemand wissen. Vielleicht war es ein Praktikant, der die Jungs vor einer Häuserwand auf der Straße fotografierte und einen kurzen Bericht über ihre Motorradreise schrieb. Mag sein, dass sein Text nur veröffentlicht wurde, weil der Redaktionsschluss nah war und der Stehsatz leer. Vermutlich wurde der Praktikant nicht übernommen.

In der Redaktion des *Diario Austral*, im zweiten Stock eines Neubaus, erhellen Neonröhren mit ihrem indifferenten Licht orangefarbene Wände. Die Sekretärin ist blond und sagt, der Bote sei gerade zur Post gegangen, komme aber bald wieder und werde gerne den Archivband Januar–März 1952 aus dem

Keller holen. Auf einem Beistelltischchen welken drei Ausgaben des *Diario Austral*, eine vom Januar, eine vom 31. Dezember und eine von 1998. Knarzendes Warten auf Kunstledersofas.

Ein Stockwerk tiefer, vor dem Cola-Automaten neben der Stechuhr, sitzt ein Radiosprecher in der Raucherecke und bittet um Feuer. Er erzählt, dass er mal in Deutschland war und Deutsch üben möchte. Er sagt »Bundesrepublik«, »Rothenburg«, »Bonn« und die übrigen feucht ausgesprochenen Stationen seiner Reise. 1989, als die Mauer fiel, war er als Stipendiat in der BRD. »Mauerrr kapuuuuut«, hätten die Zeitungen getitelt. Er lacht, sagt es noch einmal. Zwei Mädchen, Praktikantinnen vielleicht, stellen sich zum Rauchen vor die Stechuhr. Der Radiosprecher sagt: »Ich kann auch Italienisch.«

Eine Stunde später fragt die blonde Sekretärin, ob es langweilig sei, so knarzend auf dem Sofa zu sitzen und zu warten. Sie erzählt von ihrem Sohn, der in Barcelona studiert und keine Lust hat, nach Chile zurückzukommen. Ihr Großvater sei Franzose gewesen, ein echter Franzose, sagt sie, »also: Franzose-Franzose«. Sie seufzt.

Zwei Stunden später kommt der Bote von der Post zurück. Er erkundigt sich nach dem gesuchten Erscheinungsdatum, geht, kommt zurück, fragt noch einmal nach, geht, erscheint im Türrahmen und spricht mit der Sekretärin (welches Datum?), geht und wuchtet kurz darauf einen hüfthohen Archivordner über die Schwelle der Redaktion. *El Diario Austral*, Januar–März 1952. In der Ausgabe vom 19. Februar auf Seite acht der Titel: »Zwei argentinische Lepraspezialisten bereisen Südamerika mit dem Motorrad«, darunter ein Foto und die Bildunterschrift: »Dr. A. Granados und der Student E. Guevara«.

Ernesto war an diesem Morgen allein losgegangen, um die Zeitung zu kaufen. »Das kam bei unserer Dreistigkeit heraus«, kommentiert er den Bericht in seinem Tagebuch. »Wir, die Experten, Schlüsselfiguren der amerikanischen Lepraforschung, mit dreitausend behandelten Kranken und umfassender einschlägiger Erfahrung, Kenner der wichtigsten Leprazentren des Kontinents, die mit der Untersuchung der dort herrschenden hygienischen Bedingungen beauftragt waren, gaben uns die Ehre, dem pittoresken, tristen Städtchen, das uns jetzt empfing, einen Besuch abzustatten. (…) Schon kurze Zeit später war die ganze Familie um den Artikel versammelt und alle übrigen Themen der Zeitung wurden mit olympischer Verachtung gestraft.«

Zwar wollten die Jungs tatsächlich verschiedene Leprahospitäler des Kontinents kennen lernen, nachdem sich Alberto schon zuvor auf dieses Gebiet spezialisiert hatte. Der mutmaßliche Praktikant des *Diario Austral* allerdings muss Opfer einer Strategie geworden sein, die ein lateinamerikanischer Witz treffend umreißt: »Wie begeht ein Argentinier Selbstmord? Indem er von seinem Ego springt.« Von dem Artikel erhofften sich die beiden vor allem bessere Chancen beim geplanten Vorstellungsgespräch in Valparaíso, wo sie den Präsidenten der Gesellschaft der Freunde der Osterinseln bitten wollten, ihnen Passagen nach Rapa-nui zu besorgen. Ihr Interesse, so würden sie vortragen, gelte allein dem dortigen Leprosorium. Natürlich.

Bis zum 1. Januar 1959, als die Guerilleros in Havanna einzogen, war die Seite acht des *Diario Austral* vom 19. Februar 1952 ein schlecht gedrucktes, vergilbtes Archivdokument. Seit dem Sieg der kubanischen Revolution ist die Seite acht vermutlich die einzige von Tausenden in der Geschichte der Zeitung, für die sich ausländische Journalisten und Historiker je interessiert haben.

Der Mann, der am Abend an einem Tisch in der Mitte des Café Premium sitzt, ist etwa sechzig Jahre alt, trägt einen braunen Cordmantel und darunter einen blauen Pullover. Die Kapuze schlägt im straßengebräunten Nacken Falten, am Ansatz seines kurzen weißen Haars. Der Mann spricht mit sich selbst, gestikuliert ausladend über einem Glas Leitungswasser. Er hat wenige Zähne im Mund. Irgendwann steht er auf, streckt die Hand mit den langen, gelben Fingernägeln aus und setzt seinen Vortrag vor der illuminierten Kuchentheke fort. Niemand sieht ihn an.

Die Frau, die vor der Tür des Café Premium steht und durch die großen Glastüren ins Lokal schaut, trägt ihr Haar zu einem dünnen Pferdeschwanz gebunden, der auf ihre Daunenjacke fällt. Wenn ein Gast kommt, hält sie die Tür auf und bittet murmelnd um ein paar Münzen. Sie bekommt keine. Manchmal bemüht sie sich um ein Lächeln. Das Fernsehen überträgt eine Galavorstellung.

Der Mann muss betrunken sein. Er zieht mit zusammengekniffenen Augen an einer erloschenen Zigarette in seinem Mund, droht mehrfach zu Boden zu gehen, bis er sich auf eine Stuhllehne stützt und die Augen schließt. Dann arbeitet er sich langsam, sehr langsam bis zur Tür vor. Die Frau mit dem dünnen Pferdeschwanz hält ihm nicht die Tür auf. Sie unterhalten sich. Der Mann zieht sich seine Kapuze über den Kopf, verknotet sie vor dem Kinn und zieht eine Wollmütze über die Kapuze. Nachts ist es kalt in Temuco.

Der Linienbus nach Lautaro geht mehrmals täglich. Die Fahrt dauert eine knappe halbe Stunde, je nach Fahrstil. Ein Schaffner geht Kaugummi kauend durch den Gang, sobald der Bus die Landstraße erreicht hat, kassiert und verteilt Fahrscheine von einer Rolle, die aus dem V-Ausschnitt seines dunkelblauen Uniformpullis hängt. Ich lasse mich an der erstbesten *Plaza* mit Steinbüsten im Ort absetzen. Ernesto schreibt von einem »sympathischen Winzling« namens »Chico Lauro«, der ihnen in seiner, der »besten Werkstatt der Gegend«, erlaubte an der siechenden Poderosa zu schrauben.

Die beiden Tankwarte nahe der *Plaza* haben keine Ahnung, allerdings ist der eine von ihnen auch kaum älter als zwölf. Sie erzählen von zwei anderen Tankstellen im Ort und schicken mich die Carrera hinunter. Ich erkundige mich noch einmal in einem kleinen Ladengeschäft am Straßenrand, aber auch die beiden Frauen wissen nichts von einem Aufenthalt Che Guevaras im Ort. Versuch es bei der Gemeindeverwaltung, sagen sie, an der *Plaza* mit den Steinbüsten.

Nachdem ich dort mein Anliegen einige Male vorgetragen habe, bildet sich im Büro der Telefonistin ein kleiner Kreis um mich, der im Wesentlichen aus einer Journalistin, der Sekretärin des Bürgermeisters und besagter Telefonistin besteht. Sie alle haben irgendwann einmal von der Motorradreise gehört, aber nur vage Andeutungen, nichts Genaues. Sie erwähnen die Werkstatt und den Tanz, von dem die Jungs eines eifersüchtigen Ehemanns wegen fliehen mussten. »Er hat sich nämlich hier verliebt«, sagt eine der Damen strahlend. »Jaja, hier, bei uns in Lautaro.«

Ernesto überliefert die Anekdote ein wenig anders. Sie hätten sich beim Dorftanz »Bauch und Kopf« mit Wein gefüllt, schreibt er, ein Schlosser der Werkstatt habe ihn darum gebeten, mit seiner Frau zu tanzen, die »hitzig und feurig« gewesen sei. Bei Alberto heißt es, die »Frau eines Betrunkenen« habe »Gefallen« an Ernesto gefunden, »trotz seines vor Dreck starrenden Overalls und seiner Bartstoppeln«. Als Ernesto in eindeutiger Absicht mit ihr den Raum verlassen wollte, kam es in der Kneipe beinahe zu einer Schlägerei und die Jungs mussten ins Dorf zurückrennen, »verfolgt von einem Schwarm erboster Tänzer«. Alberto behauptet, er habe seinen Freund anschließend versprechen lassen, »nie wieder Frauen auf öffentlichen Tanzveranstaltungen zu erobern«.

Vom Büro der Telefonistin aus werden inzwischen jede Menge Telefonate getätigt, unter anderem befragt man einen Onkel Valentin der Journalistin, der glaubt, die Poderosa habe in der Werkstatt Ecke Aldea mit Malta gestanden, aber das Gebäude existiere gar nicht mehr. Dann erwähnt er noch ein Haus am Park, wo sich Ernesto damals aufgehalten haben soll, aber Onkel Valentin erinnert sich nicht, warum eigentlich. Die Gattin des selbst ernannten Stadthistorikers Don Ramón teilt mit, ihr Mann habe sich zurecht gemacht und soeben das Haus verlassen. Ebenso wenig zu erreichen ist die dem Vernehmen nach reizende Señora Hilda, weit über siebzigjährige Betreiberin einer *Cantina* auf der anderen Seite des Flusses, in der vor fünfzig Jahren der Dorftanz stattgefunden haben könnte.

Unterdessen gibt es Kaffee und Waffeln im Büro der Telefonistin. Die Damen möchten wissen, ob ich Che-Anhängerin bin. Ich begegne ihrer Frage mit der neuerlichen Erwähnung meines Berufs und mache professionelles Interesse geltend, werde im Folgenden allerdings mit einer gewissen Beharrlichkeit als junge deutsche Che-Verehrerin vorgestellt, was mich bezüglich ihrer übrigen Aussagen ein bisschen verunsichert. Wer will sich auch daran erinnern können? Ernesto war ein 23 Jahre alter Medizinstudent aus Buenos Aires, als er vor fünfzig Jahren in Lautaro vor einem stark alkoholisierten Tänzer-Mob die Flucht ergriff. Es dauerte sechs Jahre, bis die Medien anfingen, über ihn zu berichten, und in Lautaro wird man vermutlich erst 1959 auf ihn aufmerksam geworden sein.

Andererseits zählt das Dorf zu den Orten, an denen die Anwesenheit eines Ausländers auch heute noch ein gewisses Ereignis markiert. »Schade, dass Sie nicht hier sind«, sagt die Telefonistin, als der Bürgermeister zwischendurch anruft. »Wir haben hier gerade eine junge Deutsche bei uns.« Che-Verehrerin, versteht sich.

Ich verlasse die Damen, die zuvor entschieden haben, dass ich mich ohne Begleitschutz des Gemeindeverwaltungsportiers auf die andere Seite des Flusses wagen kann, und laufe erneut die Carrera hinunter Richtung Brücke. Im Park sitzen Pensionäre unter alten, weit ausladenden Bäumen, Kutschen und Busse holpern über die Straßen und man wundert sich, wenn Menschen, die einander auf dem Bürgersteig begegnen, sich nicht grüßen, so überschaubar wirkt Lautaro.

Die Telefonistin der Gemeindeverwaltung hat mein Kommen angekündigt. Ich stolpere ins erste dunkle Lokal von vielen entlang des Weges, deren Inventar meist aus Holzstühlen, -tischen und den Werbebotschaften chilenischer Bierbrauereien besteht. Eine Frau löst sich aus den Schemen der Sitzecke, lächelt, führt mich zur Tür, weist den Weg zu Señora Hilda, wo nur der Enkel hinter dem Tresen steht. Seine Großmutter kommt morgen wieder, vielleicht auch erst übermorgen, sagt er, bestimmt aber am Wochenende, da hat sie nämlich Geburtstag. Ihm sei erzählt worden, der Tanz habe im Lokal seiner Oma stattgefunden. Aber, sagt er, er nehme das nicht so ernst. Damals gab es drei Lokale diesseits des Flusses, es könnte jedes gewesen sein, wer weiß das schon. Ähnlich jedenfalls werden sie gewesen sein.

Ein Raum, etwa 15 Quadratmeter groß, an einer Wand gestapeltes Plastikmobiliar, gegenüber am Fenster zwei alte Männer. Das Licht dringt milchig durch die schmutzigen Scheiben. An den rohen Holzwänden kleben Kalendermädchen und Fliegen. Ich frage den Enkel, was der Hinweis »3ra Categoría« an der Tür bedeutet, den alle Kneipen auf dieser Flussseite tragen. Er erklärt, das habe mit der Kategorie des Lokals zu tun, daraus ergebe sich die

Sperrstunde. Sein Lokal, eine *Cantina*, müsse um zwei Uhr schließen. Er sagt nicht, dass es die unterste Kategorie ist, jedenfalls nicht direkt, und dass Kneipen dieser Art »Restaurante Malamuerte« genannt werden, schlechter Tod, aber das kann ihm niemand verdenken.

Los Ángeles

Zwei Stunden sind es auf der Panamericana von Temuco nach Los Ángeles. Die grünen Straßenschilder tragen einen Pfeil und die Aufschrift »Al Norte«, manchmal weist ein Pfeil noch auf eine Abzweigung von der zweispurigen Landstraße hin, aber besonders weit kommt man in dieser Richtung in Chile sowieso nie, links das Meer, rechts die Anden und die argentinische Grenze. Aus den Feldern ragen gelbe Pappeln wie riesige Fackeln. Irgendwo auf dieser Strecke erlebten Ernesto und Alberto bei der hinterbremsenlosen Kollision mit einer Herde Kühe ihren finalen Unfall auf der Poderosa. »Der Huf der letzten Kuh war wie durch ein Wunder alles, was wir erwischten«, schreibt Ernesto, »und plötzlich tauchte in der Ferne ein Fluss auf, der uns mit erschreckender Macht anzuziehen schien. Ich riss das Motorrad zur Seite, in einem mörderischen Tempo überwand es die zwei Meter Höhenunterschied, blieb zwischen den Steinen stecken, und wir ohne jeden Kratzer.« Weil die Poderosa fortan jegliche Steigung verweigerte, erreichten sie die chilenische Hauptstadt nach einigen Tagen Aufenthalt in Los Ángeles zu dritt auf der Ladefläche eines Lieferwagens. Die Poderosa blieb in Santiago zurück. »Um das Moped vor Staub und Feuchtigkeit zu schützen, deckten wir es mit einer Plane ab, und es kam mir vor, als legten wir ein Grabtuch über eine alte Freundin«, schreibt Alberto. »Unauffällig streichelte ich das Moped noch einmal und entfernte mich ziemlich betrübt.«

Der Busbahnhof von Los Ángeles liegt außerhalb des Zentrums. Ich gebe meine Taschen bei der Gepäckaufgabe ab, weil ich mir die Übernachtung sparen und mit der Weiterfahrt nach Santiago verbinden möchte. Ein älterer Herr fährt mich mit seinem Taxi ins Zentrum, erzählt mir unterwegs von seinen sieben Kindern und dreizehn Enkelkindern und davon, dass er das Vatersein erst als Großvater gelernt habe, weil er zu viel arbeiten musste, als seine eigenen Kinder klein waren. Eigentlich, sagt er, habe er sie immer nur gesehen, wenn sie schon im Bett lagen. Wir reden noch eine Weile im stehenden Wagen, bis ihn ein Polizist zum Weiterfahren auffordert.

Als die Jungs vor fünfzig Jahren bei der Freiwilligen Feuerwehr von Los Ángeles übernachteten, waren sie begierig darauf, einmal bei einem echten Löscheinsatz zu helfen. Alberto, der im Turm des Gebäudes unter der Alarmglocke schlief, wurde unsanft auf die erste dringende Gelegenheit aufmerksam. In ihren Tagebüchern schrieben sich die Jungs später gegenseitig die ziemlich spektakuläre Rettung einer Katze zu, die am Unglücksort zwischen lodernden Dachbalken eingeklemmt war.

Vor dem blauen Bau mit dem markanten Glockenturm parkt ein Feuerwehrauto, auf dem tatsächlich »Feuerwehr« steht, ein deutsches nämlich, mit Bundesadler. Im Eingang, wo sich die breiten Holzstufen auf dem Absatz in zwei Treppenarme teilen, zeigt ein Ölgemälde an der Wand Impressionen eines historischen Löscheinsatzes. Vom Jubiläumsfest zum Hundertsten sind Girlanden, Transparente und eine exponierte Sturmglocke übrig geblieben. Eine missmutige Sekretärin, die zum Büro des Direktors gehört, schickt mich zum Sekretariat des Hauptkommissars im ersten Stock. Im Büro des *Superintendente* treffe ich einen Mann, dessen Namen ich nie erfahren werde.

Wir plaudern eine Weile über dieses und jenes, der Sekretär bedauert, der *Super* sei nicht da, versucht sogar, ihn auf dem Handy zu erreichen, aber sein Vorgesetzter weilt offenbar gerade in einem ruralen Empfangsloch. Das Telefonat mit einem pensionierten Feuerwehrmann, der sich als Historiker von Los Ángeles verdingt, hinterlässt ein Lächeln im Gesicht des Sekretärs, das erleichtert wirkt. Er legt auf und teilt mit, vor fünfzig Jahren habe die Freiwillige Feuerwehr ein anderes Gebäude genutzt, wodurch sich meine Recherchen in Sachen Che Guevara sicherlich erübrigt hätten. Ich frage ihn, ob das andere Haus einen Glockenturm hatte. Er verneint. Dann muss es hier gewesen sein – ich zitiere den fraglichen Auszug aus Albertos Tagebuch »… fand ich eine Art Kuppel, die zu allen vier Seiten offen war …«. Der Sekretär beginnt zu schwitzen.

Er bedauert, der Presse gegenüber keine Auskunft geben zu dürfen, außerdem sei er selbst erst seit kurzem bei der Feuerwehr beschäftigt, könne mir also leider überhaupt gar nicht weiterhelfen. Wir reden über die chilenische Feuerwehrtradition und notorische Brandherde in der Region. Ich habe schon mein Notizbuch eingesteckt und den Rucksack geschultert, als ich ihn frage, ob er den Adressstempel der Feuerwehr in meinen Kalender drücken könnte, nur so, als Erinnerung an den Besuch. Der Sekretär beginnt hysterisch zu lachen. Ich bin irritiert.

Ich zeige dem Sekretär meinen Kalender, der meine privaten Aufzeichnungen, Fotos und Zettel von allen möglichen Reisestationen enthält. Der Sekretär lacht immer noch. Ob mir nicht klar sei, was ich mit dem Stempel alles anfangen könne. Nein, offen gestanden war mir die Brisanz seiner Nachmittagsbeschäftigung bisher völlig entgangen, die vor allem darin besteht, Briefumschläge mit eben jenem Stempel der Freiwilligen Feuerwehr von Los Ángeles, Chile zu versehen.

»Was könnte ich denn so damit anfangen?«

»Naja, Sie könnten zum Beispiel hergehen und sagen: Ich war bei der Freiwilligen Feuerwehr von Los Ángeles.«

»Stimmt doch auch.«

»Ja.«

»Ich bin bei der Freiwilligen Feuerwehr von Los Ángeles.«

»Ja.«

»Und?«

»Naja, das würde Ihrem Besuch einen … offiziellen Charakter geben.«

Fassungslos verfolge ich, wie der Sekretär nun anregt, ich könnte eine offizielle Anfrage schicken, mit der Post, mich darin ausweisen und dann werde der *Superintendente* antworten. Vielleicht sogar mit Stempel. Ich erkläre ihm, dass ich den Stempel gar nicht mehr haben will, mich aber dennoch frage, wo eigentlich das Problem liegt, wo ich doch nun mal da bin. Der Sekretär windet sich.

Che Guevara sei schließlich nicht irgendwer gewesen, sagt er, und es wisse auch wirklich niemand so genau, ob er damals tatsächlich bei der Freiwilligen Feuerwehr übernachtet habe. Ein Vorgänger von ihm habe mal Ärger bekommen, weil er einem ausländischen Fernsehteam erlaubt hat im Gebäude zu filmen. Ich spare mir die Bitte, im Turm fotografieren zu dürfen, frage stattdessen ihn und mich, welches Interesse die Jungs daran gehabt haben sollten, übereinstimmend von einem Aufenthalt in Los Ángeles zu berichten, der nie stattgefunden hat. Außerdem gebe ich zu bedenken, dass eine Übernachtung des 23 Jahre alten argentinischen Medizinstudenten Ernesto Guevara de la Serna kaum dazu taugt, die Freiwillige Feuerwehr von Los Ángeles zu inkriminieren oder subversiver Aktivitäten verdächtig zu machen.

Der Sekretär schlägt vor, die fraglichen Passagen aus den Tagebüchern mitzuschicken, vielleicht werde man die Angelegenheit dann untersuchen und aufarbeiten – was mehr als unwahrscheinlich ist. Seit der Veröffentlichung der »Notas de Viaje« muss ich mindestens die zehnte Journalistin sein, die sich bei der Freiwilligen Feuerwehr nach Che Guevara erkundigt. Ganz offensichtlich hat das allerdings bisher in Los Ángeles zu keinerlei aufklärerischem Engagement geführt. Ich frage den Sekretär nach seinem Namen, wegen der Anfrage an den *Super*. Erneut hysterisches Lachen. Ich solle einfach an den Hauptkommissar schreiben. Als er sich umdreht, um mir die Adresse mit der Schreibmaschine auf ein Blatt Papier zu tippen, weise ich auf die Leichtsinnigkeit seines Unterfangens hin, könnte ich doch hinter seinem Rücken heimlich und gänzlich unbefugt das Drauflosstempeln beginnen. Er lacht kurz auf. Dann hält er inne, wendet sich wieder dem Schreibtisch zu und tippt erst weiter, als ich den Raum kurz verlasse.

Später sagt er, wenn ich ihn einfach so gefragt hätte, hätte er mir den Stempel unter Umständen gegeben, so aber, als Journalistin … denen sei alles zuzutrauen. Ich kann mir nicht verkneifen zu erwähnen, wie leicht der Stempel der Freiwilligen Feuerwehr von Los Ángeles zu fälschen wäre (zwei Kreise, außen etwa fünf Zentimeter Durchmesser, im Zwischenraum oben die Worte »Cuerpo de Bomberos«, unten »Los Ángeles«, Schrifttyp Arial, Schriftgrad 10, dazu ein Stern auf jeder Seite, viel Spaß), dass ich auch ohne mit ihm gesprochen zu haben behaupten könnte, man habe mir hier exklusivst und erstmalig die historische Übernachtung bestätigt, dass es schließlich nicht seine Schuld wäre, sollten wir unter dem Titel »Hier schlief der Che!!« ein Farbfoto des Gebäudes auf der ersten Seite der Zeitung bringen, die fünfzackigen Sterne auf dem Stempel dann jedoch bestimmt in einem ganz neuen Licht betrachtet würden. Der Sekretär lacht. Und schwitzt. Ich glaube, er ist froh, als ich gehe.

Hinter den transparenten Schiebetüren der Einfahrt beobachten Feuerwehrleute, wie ich auf der

Straße Schilder, Gebäude und Fahrzeuge fotografiere. Als ich zum Fenster im ersten Stock hochsehe, wird eilig der Vorhang zugezogen.

Santiago de Chile

Es gibt ein Spiel, bei dem man sich die Finger vor die Augen hält und eine irgendwie imperativische Formulierung durch den Spalt zwischen den Handflächen ruft, einen Suchbefehl etwa. Anschließend verharrt der Spieler meist beträchtliche Zeit wortlos im Dunkeln.

In Santiago de Chile gibt es das Wohnviertel Barnechea, wo die Bewohner der Mittelstandsiedlung Monseñor Escrivá de Balaguer des Zusammenlebens mit ihren Nachbarn aus der Unterschichtsiedlung San Antonio überdrüssig geworden sind. Die Rede ist von kleinkriminellen Übergriffen ungewisser Anzahl, auch von sittenwidrigem Verhalten jugendlicher, vermutlich arbeitsloser Liebespaare in einem Park, der die beiden Siedlungen voneinander trennt. Man wird verstehen, dass das unschön ist und im Übrigen die Aussicht aus den von Dienstmädchenhand streifenfrei geputzten Panoramafenstern stört, woran auch eine zweite Polizeistation nichts ändern dürfte, deren Bau bereits geprüft wird, auch nicht der private Sicherheitsdienst, der die Siedlung einseitig bewacht. In ihrer Not haben die Bewohner von Monseñor Escrivá de Balaguer deshalb beschlossen, eine Mauer zwischen sich und die Bewohner von San Antonio zu bauen, hoch genug, um ihren Anblick nicht länger ertragen zu müssen.

Das Spiel hat in Chile Tradition. Menschen, die mit einem Bild Augusto Pinochets über dem Küchenwaschbecken leben und dem Ex-Diktator gelegentlich mit einem Handtuch liebevoll den Spülschaum vom Mund tupfen, müssen sich schon beide Hände vor die Augen halten, wenn das Fernsehen die Bilder exhumierter Leichen zeigt, Opfer der Diktatur, um weiterhin dem Mythos von dreitausend Gar-nicht-wirklich-Verschwundenen Glauben zu schenken, die angeblich allesamt glücklich, gesund und unter falschem Namen im Ausland leben. Auch wer vom Erfolg der chilenischen Chicago Boys spricht, die das Land auf seinen vorherrschenden Wirtschaftskurs gebracht haben, muss die Augen sehr fest verschließen, um nicht das Elend zu sehen, das an den Rändern der Städte wuchert, und stattdessen mit Zuversicht auf den Tag warten, an dem der Trickle-Down-Effekt einsetzt und der Reichtum der Reichen bis ins breite Fundament der Einkommenspyramide sickert. Wem die Armut vor der eigenen Haustür begegnet, der hätte die Möglichkeit, sich über Nachbarschaftskooperativen Gedanken zu machen. Oder eben eine Mauer zu errichten.

Ein indignierter Bewohner aus Monseñor Escrivá de Balaguer und Leser des reaktionären *Mercurio* fühlte sich dazu berufen, in einem Brief an seine Zeitung darauf hinzuweisen, dass die Mauer nicht etwa eine neue Idee der Anwohner sei, sondern lediglich rekonstruiert werde. Unter Punkt eins seines Schreibens erinnert er daran, dass »die Mauer bereits vor etwa zwölf Jahren stand, als Seine Exzellenz, der Präsident der Republik, die Siedlung San Antonio gemeinsam mit der Bürgermeisterin inaugurierte«. Der Brief trägt das Datum März 2002. Daher bleibt ungewiss, ob sich der Nachbar und Leser des reaktionären *Mercurio* auf die Zeugenschaft eines Diktators oder eines demokratisch gewählten Präsidenten beruft. Im März 1990 übernahm Patricio Aylwin die Amtsgeschäfte. Speichelnasse Ehrerbietungen dieser Art gelten allerdings gemeinhin dem Greis, der in seinem rundum bewachten Anwesen sitzt und kränkelt, während das Land auf seinen Tod wartet.

Schon einmal also haben sich die Nachbarn von Monseñor Escrivá de Balaguer einen sozialen Sichtschutz gebaut, aber »nur drei Wochen nach der Einweihung dieser Siedlung«, so der Leserbriefschreiber, »zerstörten jugendliche Räuberbanden der nämlichen Siedlung San Antonio die Mauer mit Fußtritten und Schlägen«. Schlimm.

Auch heute scheint den Bewohnern von San Antonio die Vorstellung zu missfallen, sich als Delinquenten gebrandmarkt in einen Käfig mauern zu lassen. Sie sind wütend und haben sich an Carlos gewendet, um ihn zu fragen, was sie gegen den Mauerbau unternehmen können. Carlos unterrichtet seit Jahren als Lehrer in einer nahe gelegenen Schule. Viele der Eltern seiner Schüler hat er unterrichtet, als sie selbst noch Kinder waren. Sie nehmen ihn sehr ernst. Die Bewohner von San Antonio wollten von Carlos wissen, ob er es für eine gute Idee halten würde, wenn sie einfach eines Nachts losgingen und die Mauer niederrissen.

Natürlich hat Carlos den Bewohnern von San Antonio dringend abgeraten und ihnen empfohlen Ruhe zu bewahren. Lasst eure Nachbarn diese Mauer bauen, sagte er, lasst sie einen Stein auf den anderen setzen, bis sie genau so hoch ist, wie die Leute von Monseñor Escrivá de Balaguer sie haben wollen. Lasst sie die Wände sauber verputzen, vielleicht werden sie ihnen auch einen bunten Anstrich geben wollen. Lasst sie Stacheldraht auf die Oberkante setzen und auf ihrer Seite eine hübsche Beleuchtung installieren. Lasst sie die Wand bepflanzen.

Wartet, bis alles fertig ist, riet Carlos den Bewohnern von San Antonio, bis sie Geld, viel Geld in ihre Mauer investiert haben.

Dann, sagte Carlos, könnt ihr sie einreißen.

Warum Ernesto und Alberto sich von der chilenischen Hauptstadt an Córdoba erinnert fühlten, ist heute schwer nachvollziehbar. »Sein Rhythmus ist zwar viel schneller und der Straßenverkehr bedeutend dichter, die Gebäude aber, die Art der Straßen, das Klima und sogar die Gesichtszüge der Leute, alles erinnert an unsere mediterrane Stadt.« Vielleicht liegt es einfach daran, dass sie nur wenige Tage blieben, das Museo de Bellas Artes besuchten, ein Auswärtsspiel der Wasserballmannschaft Suquía de Córdoba und den Cerro Santa Lucía, der schon damals bekannt war für die vielen küssenden Pärchen entlang der Parkwege.

Manuel, ein dreißig Jahre alter Journalist aus Santiago, lästert beim Spaziergang auf dem Hügel über den *Beso público chileno*, den öffentlichen chilenischen Kuss. »Ich kann einfach nicht verstehen, wie man vier Stunden lang küssend auf einer Bank zubringen kann, ohne irgendwann vögeln gehen zu wollen.« Manuel schüttelt den Kopf.

Auf der Spitze des Berges bietet ein kleiner Turm das bisschen Aussicht, das der dichte Smog von Santiago übrig lässt. Der Blick fällt auf seelenlose Hochhaustürme im Zentrum, das Verteidigungsministerium Edifício Diego Portales, das »Gabriela Mistral« heißen sollte, bis die Militärs putschten. Das Gebäude, dessen orangeroter Anstrich immer rostig wirkt, diente Augusto Pinochet während der ersten Jahre seiner Diktatur als Amtssitz. Die Schneespitzen der Anden sind selten zu sehen, die Umrisse des Cerro Santa Lucía schmelzen aus der Entfernung zu braunen Schatten. Nur wenn der Regen eine ganze Nacht lang den Himmel gespült hat, beginnt der nächste Morgen hinter jeder Straßenecke mit einem weiß gekrönten Geschenk.

Manuel sagt, dass er Lust hätte, eine Reportage über die Typen zu schreiben, die die Öffnungszeiten ignorieren und sich nach Einbruch der Dunkelheit auf dem Cerro Santa Lucía treffen. Angeblich traut sich selbst die Polizei nicht sie zu vertreiben, obwohl kaum vorstellbar ist, dass sich die chilenische Polizei irgendetwas nicht traut.

Die vergangenen fünfzig Jahre haben tiefe Spuren in Chile hinterlassen, in den Gesichtern der Städte ebenso wie in denen ihrer Bewohner. Morgens an einem dieser Orte, vor denen sie dich warnen, in einer Straße, von der sie dir Dinge erzählen, die am helllichten Tag passieren, Ahumada, Fußgängerzone mitten im Zentrum, peatonale Pulsader Santiagos. Die Nächte erfasst der Polizeibericht.

Sie erzählen von Handtaschenräubern, Trickdieben und Betrügern, die sich oben, an der Plaza de Armas, als bedürftige Studenten ausgeben und um Geld bitten, obwohl sie gar keine Hochschule besuchen – wenn man denn als Hinterlist begreifen möchte, dass Menschen, die am Rande des Existenzminimums leben, die wahren Gründe für ihre Misere verschweigen. Einer Umfrage der chilenischen Wochenzeitung *Siete* zufolge glauben 49 Prozent der Chilenen, die Armen seien arm, weil sie sich nicht genug anstrengen, um sich aus ihrer Lage zu befreien.

Auf Augenhöhe betrachtet versammelt die Ahumada in bequeme Monatsraten tranchiertes Mittelstandsglück hinter ihren Schaufenstern. Wer den Blick senkt, sieht die Botschafter der Stadtrandsiedlungen auf dem Pflaster sitzen und hoffen, dass ein Stück vom Glück zu Boden fällt. Du fragst dich, was sie hierher gebracht hat, und hörst die folgende Geschichte:

Joselito kam mit Krankheiten zur Welt, die seine Mutter Angelina als atemloses Endloswort vorzutragen gelernt hat. Joselito leidet an Epilepsie, ihm fehlt eine Niere, der Rest sind medizinische Fachbegriffe. Der Fünfjährige liegt auf einer Matratze. Ein Straßenkehrer umfegt ihr Lager und wirbelt Schmutz auf, Angelina schlägt die Decken über Joselitos Gesicht, wegen seiner Stauballergie, bis nur noch der dunkelhaarige Hinterkopf zu sehen ist und eine kleine Hand, die in überdrehtem Winkel am Hals lehnt.

Seit er 18 Monate alt ist, trägt Angelina Joselito

ins Zentrum, wenn die Sonne scheint, wenn es wenigstens nicht regnet. Sie hat braune Augen, maisblond gefärbtes Haar, das dunkelbraun nachwächst, und etliche Zahnlücken, aber Angelina lacht viel. Die Haut in ihrem Gesicht sieht aus, als müsste sie sehr weich sein.

Als sie mit Joselito aus dem Krankenhaus kam, fand sie den Abschiedsbrief seines Vaters auf dem Küchentisch. Sie sagt, er lebe jetzt mit einer anderen Frau im Süden des Landes, »einer Hure«. Bekannte haben ihr erzählt, dass er auch mit ihr ein Kind gezeugt hat, ein Mädchen, »noch schlimmer als Joselito«, sagt Angelina. Das Kind sei ohne Augen zur Welt gekommen. Angelina lebt mit ihren vier Kindern bei der Schwiegermutter, die sich um die Ältesten kümmert, wenn sie mit Joselito auf der Ahumada sitzt und Geld für seine Therapie sammelt. Jede Woche braucht er eine Injektion, die man ihm in den Hinterkopf spritzt, pro Monat neunzigtausend chilenische Pesos. Der Vater zahlt keinen Unterhalt, für keines seiner Kinder. Theoretisch ist die medizinische Versorgung in Chile kostenlos, zumindest verschriebene Basispräparate. Als Angelina zum ersten Mal mit Joselito zur Untersuchung ging, riet ihr ein Arzt, sie solle dem Jungen eine Salbe auf den Rücken schmieren. Das werde helfen.

Seit eine Journalistin sie im vergangenen Jahr als Betrügerin bezeichnet hat (Angelina schlug ihr damals das Mikrofon ins Gesicht), trägt sie Fotos bei sich, um ihre Mutterschaft zu dokumentieren, Bilder von Familienausflügen, Joselito im Rollstuhl und Nachmittagen auf der Ahumada. Einen Polizisten, der sie vertreiben wollte, hat sie gefragt, ob sie ihren Sohn vielleicht zu Hause lassen und sich prostituieren soll, um seine Medizin zu bezahlen. Der Polizist wusste keine Antwort und ließ sie bleiben.

Passanten verlangsamen den Schritt, bleiben stehen, lesen das Schild mit Joselitos Krankengeschichte, blicken besorgt auf das Bündel am Boden und werfen Münzen in die Kiste. Angelina drückt ihnen dann einen kleinen Taschenkalender für das Jahr 2002 in die Hand, mit Fotos von küssenden Paaren, Sonnenuntergängen und Sinnsprüchen, die sich meistens reimen.

Der Mann, der an der Ecke Nueva York auf einer Holzkiste sitzt, sagt, die Initialen auf der roten Kindergitarre in seinem Arm seien seine, RRP. Auf seinem Schild steht: »Meine Musik ist mein Lebensunterhalt. Danke für Ihre Spende. Ich habe weder Vater noch Mutter.« Er behauptet, er sei 42 Jahre alt, sieht aber aus wie sechzig und spricht wie ein schüchternes Kind, mit leiser, hoher Stimme. Sein Haar färbt sich an Schläfen und Nacken grau. Er singt zu einer monotonen Melodie, die er mit der rechten Hand auf den Saiten schrammt, während die Linke den Gitarrenhals nur hält. Über seinem Schild klebt ein farbiges Vater-Mutter-Kind-Idyll aus einem Werbeprospekt.

Meistens sind es Männer, die in den Stehcafés hinter der Kreuzung Ahumada/Moneda an Chromtresen lehnen und mit den Kellnerinnen reden, die so knappe Röcke tragen, dass unterhalb der langen Theke nur die nackten Schenkel zu sehen sind. Oben, an der Plaza de Armas, werden die Fensterscheiben dunkler, umso blickdichter, je weniger die Mädchen hinterm Tresen tragen. Männer drehen sich ruckartig ins Licht, wenn die Tür zur Straße aufgeht. Die *Cafés con piernas*, Cafés mit Beinen, ein Trend der frühen neunziger Jahre, sind die einzigen Lokale an der Ahumada, abgesehen von Imbissketten mit Plastikstühlen, wo der Orangensaft in Plastikeimern schäumt und der Kaffee aus der Dose kommt.

16 Jahre Diktatur mit unterschiedlich langen, aber andauernden Ausgangssperren haben die Kneipenkultur der Innenstadt weitgehend zerstört.

Freunde erzählen von Einladungen zu Partys, die stets mit der Frage »¿Toque a toque?« (Ausgangssperre bis Ausgangssperre) erwidert wurden, weil man übernachten oder durchfeiern musste, um nicht nachts auf der Straße in Schwierigkeiten zu kommen. Noch heute läuft niemand ohne Grund über die Ahumada, keine Zeit für Flaneure. Passanten erledigen, was zu erledigen ist, und verlassen den Ort umgehend, hektisch, angespannt, im Laufschritt.

Auf einem Klappstuhl hockend zeichnet eine alte Dame am Rande der Ahumada Kohleporträts. Ein Foto an ihrer Staffelei zeigt einen Greis mit Strohhut und Baby im Arm. Der Mörder lacht. Darunter der handgeschriebene Hinweis: »Während Sie heute morgen noch schliefen, hat General Pinochet schon seit sieben Uhr für Sie im Regierungspalast gearbeitet. Er hat das Land vom Chaos befreit, die Staatsfinanzen wieder hergestellt, die Wirtschaft angekurbelt, und weil er Gutes tut, steht Gott an seiner Seite.« Der Text ist alt. Kein Chilene muss mehr bange Nächte durchwachen, weil er Pinochet im Regierungspalast weiß.

Mit Einbruch der Dunkelheit wechselt die Besetzung. Das Drehbuch aber ändert sich nur in Details, wenn an der Ecke Ahumada/Huerfanos Juan Alfonso Paredes ins Scheinwerferlicht einer Straßenlaterne tritt. Er trägt schwarze Schuhe, eine hellgraue Stoffhose mit Bügelfalte, ein fleckiges, eigentlich aber weißes Jackett, rote Krawatte, weißes Hemd und eine Föhnfrisur. In der Hand hält er ein Mikrofon ohne Kabel, singt laut und falsch »Te quiero dijiste«, steppt über den Asphalt, während die Polizisten vor dem Einsatzwagen von einem Bein aufs andere treten. Eine Sicherheitsnadel befestigt das Schildchen an seinem Revers: »Juan Alfonso Paredes, Epileptiker.« Er wirkt zu unprofessionell, um sein Lächeln in Frage zu stellen. Ihm gegenüber hält eine Mutter ihr in Decken gehülltes Kind auf dem Schoß, vor sich die in Plastik geschweißte Fotoserie mit dem Titel »Die grausame Wirklichkeit meiner Tochter«, die Behinderungen des Mädchens exhibiert. In der Passage gegenüber verspricht das Roxy-Kino Live-Orgasmen.

Die fliegenden Händler haben Bauchtrainer, Shampooflaschen, Socken, Raubkopien und Batterien im Sortiment. Avelina verkauft dreiteilige Badezimmersets in rosa und blau, mit Spitzenborte und Zierrosen, die sie zu Hause auf der Nähmaschine anfertigt. Mit einem Set verdient sie tausend Pesos für zwei Stunden Arbeit. Das Wechselgeld trägt Gabriel im Schulranzen. Vor zehn Tagen hat Avelina Gabriels Vater vor die Tür gesetzt. Sie sagt, dass sie kein Geld von ihm haben will, dass er aus ihrem Leben verschwinden soll, möglichst vollständig. Sie sagt nicht warum. Gabriel sitzt neben ihr auf dem Boden und malt.

Als einer der Händler plötzlich seine Sachen zusammenpackt, die Plastikplane rafft und in eine große Tasche stopft, folgt sekundenschnell die ganze Reihe. Es dauert keine Minute, bis der Bürgersteig leer ist. Manchmal werden sie eingekesselt. Die Polizei verhaftet fliegende Händler, nimmt ihnen die Ware ab und verhängt eine Geldstrafe. Wer nicht zahlt oder zahlen kann, muss über Nacht bleiben. Avelina sagt, der Bürgermeister bezeichne die Händler als Diebe, dabei seien die eigentlichen Diebe die Polizisten, die dreißig CDs beschlagnahmen und im Protokoll nur zehn angeben. Harmloser ist der Sicherheitsdienst mit Gummiknüppeln und roten Baskenmützen, den der Bürgermeister im Zentrum auf Streife schickt. Joaquín Lavín, der unterlegene Präsidentschaftskandidat der Rechten von 1999. Es heißt, er habe gute Chancen, die nächsten Wahlen zu gewinnen.

Vor Burger King, an der Ecke zur Plaza de Armas, wo die große Anzahl von Fotografen mit Staffage darauf schließen lässt, dass eine gewisse Nachfrage für Erinnerungsfotos mit Stofftigern besteht, die mexikanischen Sombreros tragen, weisen am Abend Teleskope in den Himmel. Die Ringe des Saturn kosten hundert Pesos, das Kreuz des Südens ist kostenlos.

Neben der Kathedrale sitzen peruanische Immigranten, die noch keine Arbeit gefunden haben. Die andere Straßenseite gehört den Ecuadorianern. Sie reden nicht mit den Peruanern. Schon wegen Amazonien. Das heute zu Peru gehörende Gebiet ist auf ecuadorianischen Karten nur mit einer dünnen gestrichelten Linie vom Rest des Landes getrennt. Prediger scheuchen mit lauten Lobpreisungen die Tauben auf. Ein Mann, der mit erhobener Stimme darauf hinweist, dass Gott nicht per Handy erreichbar ist, sinkt auf die Knie und weint.

Vor der Kathedrale lehnt der heisere Chor der Bettler an klerikalen Steinsockeln, »daaa meee una ayuuudaaa«, hilf mir. Ein Mann mit amputierten Unterschenkeln liegt wie gefallen vor seinem Rollstuhl, trommelt wütend mit einem Schuhkarton voll Münzen aufs Pflaster. Irgendwann liegt er reglos auf dem Rücken, wie tot. Passanten laufen an ihm vorbei, schauen Komödianten zu, die zwischen Luftballonverkäufern und Porträtzeichnern Sketche spielen. Stille am Boden. Bis sich irgendwann das Klappern der Münzen erneut ins dunkle Gelächter der Passanten mischt, wie eine Erlösung.

Valparaíso

Sollten die Verantwortlichen der UNESCO, denen seit geraumer Zeit ein Antrag der Stadt Valparaíso auf Aufnahme ins Weltkulturerbeprogramm vorliegt, ablehnen, sind sie entweder blind oder sie haben kein Herz. Valparaíso ist schön. Wunderschön. Wunderwunderschön. Wunderwunderwunderwundermomenteinsgehtnochwunderschön, vor allem, wenn man das Zentrum, den Plán, hinter oder viel mehr unter sich gelassen hat und von einem der 45 Hügel (vielleicht sind es auch nur 42, das hängt von der Quelle ab, aber was macht das schon) der Sonne beim Untergehen zusieht, auf einer Bank sitzend, im Rücken die Häuser von Menschen, die anders sein müssen als der Rest der Welt, weil sie Jahre, manchmal ein Leben lang dieses Bild vor Augen haben, wenn am Abend die Lichter auf den Hügeln angehen und die Berge hinter der Pazifikküste aussehen wie ein Altar.

Früher rumpelten in Valparaíso 29 Aufzüge die Hänge rauf und runter, mit Ausnahme des Aufzugschachts von Polanco allesamt Seilbahnkonstruktionen mit Gegengewichten, gebaut zwischen 1883 und 1925. Die 15 verbliebenen stehen unter Denkmalschutz, seit der World's Monuments Fund die *Ascensores* den hundert meistgefährdeten historischen Schätzen der Welt zugerechnet hat.

Die Zugänge liegen oft verborgen am Ende schulterschmaler Häuserschluchten, gezahlt wird stets am Fuß (bergab weniger als bergauf, wegen des Stromverbrauchs), wo Wärter mit Fußpedalen alte schmiedeeiserne Drehkreuze freigeben. Der Fahrgast steigt ein, wartet, bis in der Kabine und oben auf dem Berg genügend Menschen im Aufzug versammelt sind, damit sich die Fahrt lohnt (was meistens nicht lange dauert), blickt durch verkratzte Fensterscheiben auf Schienen, die beinahe senkrecht den Berg hinaufführen. Dann zieht die Metallkiste aus dem Schatten der hohen alten Gebäude im Tal ans Licht, wo sich die Sicht haltlos über Stromkabelgewirr und Dächer hinweg in den Pazifik gießt. Es riecht nach Schmieröl. Und wenn man im Aufzug Concepción, dem ältesten von Valparaíso, von innen an der Schale lehnt, spürt man, wie sich die Wände unterwegs gegeneinander verschieben.

Vom Plán aus betrachtet wirken die Häuser auf den Hügeln manchmal eher wie ein großer Slum, der uneinheitlichen Baustile und vielen Farben wegen, mit Ausnahme der aufwändig restaurierten viktorianischen Holzvillen, die dramatisch auf Felsvorsprüngen über Abgründe ragen. Oben dann machen Passagen und schmale, verwinkelte Gassen die Hügel begehbar, schiefe redundante Steintreppchen, die sich ohne ersichtlichen Grund zweiteilen, abrupt enden, in ein abschüssiges Straßenstück münden und dann wieder Stufen formen, vorbei an Villen und Wellblechfassaden, die mitunter noch von Schiffen stammen, die sie zu Beginn des vergangenen Jahrhunderts von Europa nach Chile brachten.

Dieser anarchische Ausbruch aus dem kolonialistischen Schachbrettmuster verleiht Valparaíso etwas Trotziges, Unbeugsames, obwohl der Grund dafür nur darin besteht, dass die Stadt nie offiziell gegründet wurde, sondern seit 1536 mehr oder weniger spontan nach allen Seiten wuchert. An einer Kreuzung auf dem Cerro Alegre steckt ein Mann mit schwarzen Locken den Kopf aus dem Fenster. »Woher kommst du?« fragt er, und: »Gefällt dir Valparaíso?«

Mit ihrem Vorhaben, mittels freundlicher Unterstützung der Gesellschaft der Freunde der Osterinseln oder Wemauchimmer den Südpazifik zu beschiffen, scheiterten die Jungs im »prunkvollen Salon von Dr. Molinas Luco«, dem Bürgermeister von Valparaíso, der sie Ernestos Aufzeichnungen zufolge immerhin »sehr liebenswürdig empfing«. Der Wirt der »Mona Lisa«, einer Spelunke, an die sich heute in Valparaíso niemand erinnert, ließ sie kostenlos bei sich wohnen. Nachmittags streiften Ernesto und Alberto über die Hügel der Stadt. »Mit der Geduld von Pathologen schnüffeln wir auf den schmierigen Treppchen und in den finstersten Löchern herum, wir reden mit den Bettlern, von denen es nur so wimmelt, wir horchen das Innere der Stadt ab, es sind die faulen Ausdünstungen, die uns anziehen. Unsere gierigen Nasen saugen das Elend mit sadistischer Inbrunst ein.«

Wie sehr Ernesto allerdings schon der erste Schwall erschüttert, als er eine alte, asthmakranke Kundin des »Mona Lisa« besucht, ist seinem Tagebuch zu entnehmen. »Ihr Zimmer verströmte diesen scharfen Geruch nach saurem Schweiß und ungewaschenen Füßen. (...) Dies sind die Fälle, da sich ein Arzt seiner ganzen Ohnmacht gegenüber dem sozialen Milieu bewusst wird, er wünscht sich eine Änderung der Verhältnisse, etwas, das die Ungerechtigkeit beseitigt, die dafür sorgt, dass diese arme alte Frau bis vor einem Monat als Serviererin arbeiten musste, um ihren Lebensunterhalt zu verdienen, sie hat sich halb tot geschuftet, aber im Leben immer eine aufrechte Haltung bewahrt.« Ernesto schreibt von »Menschen, deren Horizont nie über den nächsten Tag hinausging«, von Momenten, in denen man »die Tragödie« erfährt, »in der das Leben des Proletariats der ganzen Welt gefangen ist«, und er schließt: »Wie lange dieses System noch fortbestehen wird, das auf einem absurden Kastengeist beruht, weiß ich nicht zu sagen. Es ist aber an der Zeit, dass die Regierenden weniger Zeit auf die Propagierung der Wohltaten ihres Regimes verwenden und mehr

Geld, viel mehr Geld darauf, Werke von gesellschaftlichem Nutzen zu vollbringen.« Bevor er geht, teilt er mit der Frau seine Asthmamedizin.

Es ist das erste Mal, dass Ernesto in seinem Reisetagebuch von 1952 explizit politisch kommentiert, der Besuch bei der alten, asthmakranken Frau in Valparaíso bezeichnet insofern einen Wendepunkt in seinem Erleben. Bis hierhin ließe sich sein Buch als harmloser Bericht eines literarisch talentierten jungen Mannes lesen, doch im weiteren Verlauf der Reise mehren sich die kritischen Reflexionen und Analysen des Erlebten.

Vieles mag eine Rolle gespielt haben: Die Identifikation mit dem Leiden der Frau angesichts der geteilten Krankheit, die direkte Konfrontation des jungen Medizinstudenten mit einer Situation, in der er, zum ersten Mal vielleicht, die Grenzen seines Handlungsspielraums als Arzt erlebt, eine Wachsamkeit, die er in Argentinien, auf vertrautem Terrain, nicht in diesem Maße zu entwickeln vermochte, und eine verstärkte Sensibilität, als hätten die »faulen Ausdünstungen« dieser Stadt, deren aberwitzige Architektur ihn an ein Irrenhaus erinnert, eine Korrosion seines dünnen bürgerlichen Schutzschilds bewirkt.

In einem Café nahe dem Hafen spricht mich Jorge an. Er hat gesehen, dass ich ein Buch lese, in dem die Buchstaben manchmal zwei kleine Punkte auf dem Kopf tragen, und fragt, ob ich Deutsche bin. Wir kommen ins Gespräch. Jorge sagt, er habe im Radio gehört, dass in Deutschland Arbeitskräfte gesucht werden. Er arbeitet im Hafen von Valparaíso als Lkw-Fahrer. Er sagt, dass er auswandern will. Dann zieht er eine Visitenkarte von seinem Freund Michael aus Stuttgart aus der Tasche, ein Mann, der in Deutschland offenbar mehrere Tattoo-Studios betreibt. Jorge sagt, dass er auf den Einladungsbrief von Michael wartet, um ein Sechs-Monats-Arbeitsvisum für Deutschland zu beantragen. Er erzählt, dass er manchmal mit Michael telefoniert, ihn aber am Telefon nur schlecht versteht. Jorge ist verheiratet und hat zwei kleine Söhne. Er ist 28 Jahre alt, geboren am 3. Oktober. Seine Frau möchte nicht, dass er nach Europa geht.

Wir verabreden uns für den Abend, um seinen Lebenslauf ins Deutsche zu übersetzen, mit dem er sich für das Arbeitsvisum bewerben will. Anschließend gehen wir Bier trinken. Jorge sagt, dass es ihm stinkt, für so wenig Geld zu arbeiten, dass sein Vorgesetzter ein Arschloch ist und dass er weg will. In seiner Jackentasche steckt ein Buch, das er sich gekauft hat, um Deutsch zu lernen. Kleine Fünfzigerjahre-Zeichnungen illustrieren einfache Sätze mit lautschriftlicher Übersetzung: »Möchten Sie sich setzen? Mejten si sij setsen?«

Jorge erzählt von Obdachlosen, die nachts am Hafen neben den Gleisen schlafen. Die Kirche versuche sich um sie zu kümmern, aber es gebe nur fünfzig Schlafplätze, dabei seien es viel mehr Menschen. »Wenn Staatsbesuch nach Valparaíso kommt«, sagt Jorge, »stellen sie hohe Transparente mit der chilenischen Flagge vor die Schienen, damit man die Armen nicht sieht.« Jorge sagt, dass er das nicht versteht. Er spricht vom Hafenviertel, wo die Jungs damals unterwegs waren, von Schlägereien, Kriminalität und vom Rotlichtmilieu. »Am schlimmsten«, sagt Jorge, »sind die vietnamesischen Matrosen.« Er möchte mich nicht dorthin begleiten. Jorge hält die Gegend für zu gefährlich.

Bevor wir gehen, sagt er, die deutsche Botschaft habe ihm mitgeteilt, dass er für seinen Antrag die Formulare 183 und 184 ausfüllen muss. Jorge fragt, ob ich weiß, was das für welche sind.

Kein Mensch auf der Plaza Sotomayor im Zentrum. In der Mitte steht ein Kriegsdenkmal, daneben der Zuckerbäckerbau der Marinekommandatur, Comandancia jefe de la armada, Feuerwehr, Post, Zoll und ein moderner Spiegelglasbau in historischem Säulenkorsett, die Schifffahrtsgesellschaft »Cía. Sudamericana de Vapores« (CSV).

Nachdem die Jungs in Valparaíso auch mit ihrem Versuch, eine Reederei zur kostenlosen Mitnahme in einen nordchilenischen Hafen zu überreden, scheiterten, enterten sie die San Antonio. Um nicht zu früh entdeckt zu werden, schlossen sie sich in der Toilette ein, »das Klo war verstopft, wie es aussah, nicht erst seit gestern, und verströmte einen unerträglichen Gestank«, sodass Alberto seinen Mageninhalt hinzufügte, bevor das Schiff den Hafen um die Mittagszeit endlich verließ. Auf offener See stellten sich die beiden »dem Kapitän als blinde Passagiere vor« und gelangten so doch noch kostenlos auf dem Seeweg ins 1400 Kilometer entfernte Antofagasta. Alberto wurde zum Kartoffelschälen verurteilt. Ernestos Aufgabe bestand darin, »das famose Klo« zu reinigen. Er räumt ein, dass er versucht war, »alles, was über die Regeln der Kameradschaft geschrieben steht, zu vergessen und darum zu bitten, mit ihm tauschen zu dürfen. Es gibt keine Gerechtigkeit auf der Welt!«

Die hilfsbereite Pressesprecherin von CSV bringt in Erfahrung, dass das nächste Schiff nach Antofagasta in zwei Monaten ablegt. Der Verkehr nach Norden habe nachgelassen, sagt sie, Chile exportiere nicht mehr so viel wie früher. Passagierschiffe befahren die Route nicht. Die Pressesprecherin deutet an, dass es für meine Anfrage ohnehin schlecht aussieht, weil ihr Chef, dem mehrere Unternehmen gehören, keine Presse mag und daher jede journalistische Anfrage innerhalb des Unternehmens zum Politikum gerät. Sie hat die Deutsche Schule von Valparaíso besucht. Die Pressesprecherin lächelt, während sie auf Deutsch sagt, dass sie den Namen ihres Chefs nicht erwähnen kann. Schon in Santiago hatte mir der Freund eines Freundes, der mit jemandem, der bei

CSV arbeitet, befreundet ist, geraten, nicht den Namen Che Guevara zu erwähnen, wenn ich um die Ausnahmegenehmigung für eine Schiffspassage ersuche, weil ich es dann ebenso gut gleich lassen könnte.

Die Pressesprecherin rät, es bei der Marine zu versuchen, begleitet mich auf die Straße und zeigt mir den Weg zur Pressestelle. An der Tür drückt mir ein Matrose einen Besucherausweis in die Hand und schickt mich zu *Relaciones públicas* in den zweiten Stock, der in Chile meistens der erste ist.

1973 nahm der blutige Militärputsch in Valparaíso, der Geburtstadt Pinochets, seinen Ausgang, nicht eben verheißungsvoll, doch ich komme ohnehin nicht dazu, bei der Marine das Thema meiner Reise zu erwähnen. Der zuständige junge Mann in weißer Uniform winkt ab. Nach Punta Arenas im Süden, ja, da gebe es Truppentransporte auf dem Seeweg, nach Norden allerdings werde fast alles über Land geliefert, weil die Straßen so gut ausgebaut seien. Wenn überhaupt verkehrten nur Frachtschiffe, die allerdings selten, dazu grundsätzlich und unter gar keinen Umständen mit zivilen Passagieren an Bord.

Auf der Plaza Sotomayor kalkuliere ich kurz meine Chancen, mit einem Hartschalenkoffer, einer Büchertasche und einem schweren Rucksack des Nachts unbemerkt an Bord eines Schiffes zu gelangen, wäge journalistische Sorgfaltspflicht und menschlichen Widerwillen gegen den vielleicht notwendigen Aufenthalt in einer fäkalgewaltigen Nasszelle gegeneinander ab und kaufe meinen Fahrschein beim Turbus-Büro um die Ecke.

Abfahrt Valparaíso 22:45 Uhr, Ankunft Calama 22:30 Uhr. Es gibt Chemietoiletten.

Chuquicamata

Eine Grube, könnte man sagen, das heißt, eigentlich eher ein Krater, ein riesiges Loch, das sich in die staubtrockene Erde frisst, jeden Tag ein Stückchen tiefer, jeden Tag ein wenig breiter, ringsum ein Weg, der sich wie ein Schneckenhaus bis zum Grubenboden dreht. Das Loch in der Wüste, ein Ding, an dem Worte scheitern und die Zahlen übernehmen: 4,3 Kilometer lang, 3 Kilometer breit, 825 Meter tief. Gigantisch. Oben auf der Aussichtsplattform stehen Besucher und starren in den Abgrund, unter staubtrübem Himmel, der die Sicht grobkörnt. Gabriela, Touristenführerin des Staatsunternehmens Corporación Nacional del Cobre de Chile (Codelco), kippt Superlative über den Grubenrand von Chuquicamata.

Die Kupfermine im Norden des Landes, 2800 Meter über dem Meeresspiegel, ist weltweit die größte ihrer Art. Dreißig Kilometer südlich wächst Calama aus der Atacama-Wüste, eine Stadt, deren Bewohner unter der Gewissheit leiden, dass kein Mensch im staubigen Calama sitzen wollen würde, wäre da nicht Chuquicamata, das manche Leute Chuqui nennen, die größte der fünf Coldelco-Minen in Chile. Der Boden, aus dem Menschen mit Maschinen die Erze sprengen, gehörte bis zum Salpeterkrieg vor 120 Jahren zum benachbarten Bolivien. Salpeter, das heute nur noch 0,6 Prozent der chilenischen Exporte ausmacht, war die Haupteinnahmequelle der Andenrepublik, bis zu Beginn des vergangenen Jahrhunderts ein Verfahren zur synthetischen Herstellung entwickelt wurde. Dann kam der Kupfer-Boom.

Die Bolivianer, die mit dem Land nicht nur die

kostbaren Erze, sondern auch den Zugang zum Meer verloren, haben den Chilenen nie verziehen. An der Staatsgrenze ragen Schilder aus dem Boden: »Das Meer ist ein Recht, es zurückzuerobern eine Pflicht.« Zum Ausdruck ihres Protests besetzten die bolivianischen Streitkräfte weiterhin den Rang eines Admirals zur See. »Die Chilenen fragen sich, warum wir einen Admiral zur See haben«, hieß es zu Zeiten der Pinochet-Diktatur in Bolivien, »und wir fragen uns, warum die Chilenen ein Justizministerium haben.«

1999 wurden weltweit 10.265.000 Tonnen Feinkupfer produziert, 4.352.000 davon in Chile, 1.615.000 von Codelco, allein 630.000 Tonnen in Chuquicamata. Der Bergbau ist Chiles wichtigste Devisenquelle, fünfzig Prozent der Exporterlöse stammen aus der Kupferausfuhr.

Früh morgens blinzeln Colectivo-Taxis mit ihren Scheinwerfern den Touristen zu. Wer um diese Zeit an der Plaza von Calama steht und matschfarbene Multifunktionskleidung trägt, aus der sich mit Reißverschlüssen und Druckknöpfen auch noch ein Faltboot bauen ließe, will nach Chuquicamata. Eine Landstraße verbindet auf zwei getrennten Fahrbahnen die braunen Berge. Die Fahrt dauert 15 Minuten und endet am Besuchereingang, wo müde Gringos mit Sonnenbrand und Kamerataschen hinter Kaffeetassen sitzen. Einige warten draußen in der Morgensonne auf den Bus.

1915 begann der Betrieb in Chuquicamata unter US-amerikanischer Leitung der Konzerne Kennecott Copper und Anaconda Copper Mining Corporation. Profite nahmen den direkten Weg zurück in die Vereinigten Staaten, der chilenische Staat begnügte sich mit geringen Exportsteuern. Die chilenischen Arbeiter schließlich, die zunächst mit Niedrigstlöhnen abgespeist und in Massenunterkünfte gepfercht wurden, machten die Kupfermine zu einer Goldgrube.

Auf dem Weg nach Chuquicamata lernten die Jungs in Baquedano ein chilenisches Arbeiterehepaar kennen, verbrachten die Nacht unter einem Dach und teilten Decken. Der Mann erzählte ihnen von seinem dreimonatigen Gefängnisaufenthalt, zu dem er wegen angeblicher kommunistischer Aktivitäten verurteilt worden war, von der schwierigen Suche nach Arbeit. Ernesto wollte in ihnen »eine lebendige Verkörperung des Proletariats« erkennen und fühlte sich »ein bisschen verwandt mit dieser mir so fremden Spezies von Menschen«. Die Unterdrückungsmaßnahmen, mit denen der Staat gegen sie vorgehe, schmerzten ihn, schreibt er, »wenn man absieht von der Gefahr, die für das gesunde Leben eines Gemeinwesens der ihm entschlüpfte ›kommunistische Wurm‹ sein kann oder auch nicht, so handelt es sich hier um nichts anderes als um die natürliche Sehnsucht nach etwas Besserem, einen Protest gegen den chronischen Hunger, einen Protest, verwandelt in Liebe zu dieser fremdartigen Doktrin, deren Wesensart ich nie verstehen konnte, deren Deutung ›Brot für den Armen‹ aber Worte waren, die diese Menschen erreichten, um so mehr, als sie ihrem Leben einen Sinn verliehen«.

Der bürgerliche Schutzschild springt, wieder, obwohl Ernesto in Chuquicamata noch zweifelt, »ob eines Tages ein Grubenarbeiter seine Pieke mit Spaß in die Hand nehmen und seine Lungen mit bewusster Freude vergiften wird. Es heißt, dort, woher das rote Leuchten kommt, das heute die Welt erhellt, soll es so sein. Ich weiß nicht.« Der Besuch der Kupfer- und Salpeterminen im Norden Chiles wühlte ihn auf. Mit einer in seinem Tagebuch sonst seltenen Akribie und Datenfülle beschreibt er den Besuch in der Grube, Verarbeitungsprozesse und wirtschaftliche Relevanz des Standorts, als könnten die Zahlen eine innere Verwirrung ordnen helfen.

Javier, der in Chuquicamata aufgewachsen ist

und als Guide in San Pedro de Atacama arbeitet, erzählt von seiner Kindheit in einer in Kasten unterteilten Stadt. Den umzäunten Komplex, in dem die nordamerikanischen Verwalter, später auch leitende chilenische Angestellte lebten, durften Arbeiter bis in die siebziger Jahre nur mit Sondergenehmigung betreten. Schulen, Wohnhäuser und Lokale waren in Kategorien unterteilt, A, B, C, durchlässig nur von oben nach unten.

Sie nannten Chuqui die »Fantasiestadt«, ein Utopia, zu dem Ortsfremden der Zugang verboten war. Es gab keine Armut in Chuqui, weniger als im Rest des Landes zumindest, und alle drei Monate eine Sondergratifikation, sagt Javier, der heute 32 Jahre alt ist. Als er zum Studium nach Santiago ging, bekam sein Vater einen Gehaltszuschuss, um seine Ausbildung zu finanzieren. Javier lacht. »An den Arbeitern von Chuquicamata hängt der Reichtum der Nation«, sagt er. Die Gewerkschaften seien stark, die stärksten im ganzen Land. Noch so ein Superlativ. 11.500 Arbeiter und Angestellte leben in Chuquicamata, zwanzig Prozent von ihnen sind Frauen, die vor allem in der Verwaltung und im Gesundheitswesen arbeiten. Lkw fahren dürfen sie nicht. Heute beziehen Codelco-Arbeiter landesweit die höchsten Löhne, leben mietfrei und schicken ihre Kinder kostenlos zur Schule.

Vom alten US-*Campamento* sind nur noch zehn Prozent zu sehen, der Rest liegt unter gemahlenem Stein begraben, Abfallprodukt der Kupferproduktion, das haushohe Bagger zu braunen Bergen häufen, die sie *Tortas*, Torten, nennen. Die älteste, *la torta madre*, stammt von 1920. Als Nächstes ist das Krankenhaus dran, das schon vor zehn Monaten geschlossen worden ist. Die Kranken fahren nach Calama, weil es billiger kommt Menschen zu transportieren, als die Lkws mit ihren pulverigen Zutaten auf lange Tortentouren zu schicken.

Der Bus hält vor der Lkw-Werkstatt. Die Besucher ziehen blaue Jacken über, rote Helme, Stahlkappen über die Schuhe und Plastiksicherheitsbrillen mit Kratzern ins Gesicht, die sie halbblind über den rot vorgegebenen Pfad stolpern lassen. In der Halle parken Caterpillars wie prähistorische Skelette mit zerschrammten gelben Knochen aus Metall. Gabriela referiert weitere Superlative. Später, auf der Fahrt zum Loch erzählt sie Geschichte, von der »Chilenisación« des Bergbaus, von Präsident Eduardo Frei, der 1964 51 Prozent der Anteile an den Minen für den Staat kaufte. Gabriela erzählt von der vollständigen Verstaatlichung des Kupferbergbaus und erwähnt das Jahr 1973. Salvador Allende erwähnt sie nicht.

Die USA reagierten auf die Enteignungen des sozialistischen Präsidenten mit dem Abzug ihrer Fachleute und einem Ersatzteilboykott. An den Börsen stürzte der Kupferpreis in den Keller, nicht zufällig. Fragen zur Rolle der Minenarbeiter am 11. September 1973 weicht Gabriela aus. Sie sei damals noch gar nicht geboren gewesen, sagt sie, betroffen waren »politische Leute«, keine *Mineros*. Wie viele? Wer kann das sagen, mehr noch: Wer will es wissen? Ihr Vater habe zwanzig Jahre lang in der Mine gearbeitet und nie von dieser Zeit gesprochen. Die Leute reden nicht gerne darüber, sagt Gabriela. Und sie selbst darf es vermutlich auch nicht.

Javier referiert, was er aus Erzählungen weiß: dass der Putsch in Chuquicamata schnell vorbei war. Die Nachricht kam gegen elf Uhr morgens, einige wurden von ihrem Arbeitsplatz weg verhaftet, am Nachmittag ging die Produktion weiter, als sei nichts geschehen. Offiziellen Angaben zufolge wurden in Chuquicamata 25 Menschen getötet, die Anzahl derer, die bis heute verschwunden sind, ist vergleichsweise gering, obwohl der Norden Chiles als rote Zone galt. Chuqui ist ein Dorf, sagt Javier. Polizisten und Arbeiter kannten einander, hatten gemeinsam zahllose Nächte in Kneipen durchzecht. Aus diesem Grund habe sich die Repression in Grenzen gehalten. Viele der Verhafteten wurden später wieder freigelassen, andere entkamen über die nahe gelegenen Anden nach Argentinien und Bolivien.

Den Tod brachte der Oberst Aureliano Stark nach Chuquicamata. An der Landstraße von Calama nach San Pedro de Atacama steht ein Kreuz an der Stelle, an der man die Körper von 25 Opfern der berüchtigten Todeskarawane fand. Gewerkschaften wurden verboten. Während 16 Jahren Diktatur gab es in Chuquicamata keinen einzigen Streik. Wer dennoch dazu aufrief, wurde festgenommen und häufig nie wieder gesehen. Chuqui funktioniert. 24 Stunden am Tag, 365 Tage im Jahr. Der privatwirtschaftlich orientierte Kurs des Diktators umschiffte das Kupfergeschäft, Codelco blieb Staatseigentum. Zehn Prozent der Einnahmen stehen per Gesetz den Streitkräften zu, ein umstrittenes, nach wie vor jedoch gewährtes Privileg.

Der Weg zurück zum Mineneingang führt vorbei an Häuserzeilen, die wie Kriegsruinen leere Blicke in die Wüste eröffnen. Codelco braucht Platz für neue Torten. Fenster, Türen, Küchen- und Badezimmerinstallationen werden aus den Wohnhäusern gebrochen und bedürftigen Familien in Calama zur Verfügung gestellt, als Gastgeschenk. Im kommenden Jahr ziehen die 2500 Codelco-Familien in die Nachbarstadt um, wo das Unternehmen mehr als 250 Millionen Dollar in neue Häuser, Schulen und den Bau der größten Shoppingmall des Landes investiert.

Von Chuquicamata bleiben nur historisch bedeutsame Gebäude als Museen bestehen, die Kirche, eine Schule vielleicht, der Friedhof, wo am Ortsausgang nordamerikanische Verwalter neben *Carabineros* und europäischen Einwanderer in getrennten Parzellen ruhen. Die Sonne knallt vom wolkenlosen Himmel auf die grauweiße Erde und sticht ins Gesicht, ein Licht, das die Farben der Plastikblumen auf den Gräbern verbrennt. Die Zeit und der hohe Anteil von Arsen, Blei und Schwefel im Erz haben Opfer gefordert. Holzkreuze mit rostigen Konservendosen auf den Spitzen ragen aus Kindergräbern. »Eine Epidemie während der dreißiger Jahre«, sagt der Friedhofswärter, »nicht was Sie glauben.« An den Namen der Krankheit kann er sich nicht erinnern.

San Pedro de Atacama

Es war einmal ein kleines Dorf in Chile, das zählte kaum tausend Einwohner. Das Dorf war umgeben von weiten Wüstenfeldern, Dünen und bizarren Felsformationen, hinter denen abends am Horizont die Anden orangerot glühen, von weißgrauen Salzseen und Geysiren, die mit dem Sonnenaufgang dampfend aus dem Boden brechen. Die Bewohner lebten von Ackerbau und Viehzucht, wenige Besucher verirrten sich zu ihnen, bis ihr kleines Dorf eines Tages in einem Reiseführer auftauchte, wahrscheinlich als Geheimtipp, mit zwei bis fünf Ausrufezeichen.

Als die Jungs Calama verließen, gab es dort noch keine Internetbesitzer, die man hätte fragen können, ob sich der Weg nach San Pedro de Atacama lohnt, und niemanden, der geantwortet hätte: »Lass mich so sagen: Kein Tourist kommt nach Calama, um in Calama zu bleiben. Wer nach Calama kommt, will nach San Pedro de Atacama.« Ernesto und Alberto nahmen den direkten Weg in die Wüste, um weiter nach Norden zu trampen. »Ohne Feldflasche war es schon bedeutend schwerer, zu Fuß diese Wüste zu erobern, trotzdem ließen wir kühn die Stadtgrenze von Chuquicamata hinter uns und wagten uns in sie vor«, schreibt Ernesto. »Wir legten eine sehr athletische Gangart vor, solange wir in Sichtweite der Einheimischen waren, dann aber holten uns die unendliche Einsamkeit der kahlen Anden, die Sonne, die bleiern auf unsere Köpfe herabfiel, und die schlecht gepackten und noch schlechter festgeschnallten Rucksäcke in die Wirklichkeit zurück. Bis zu welchem Punkt unser Tun heroisch war, wie es einer der Wachposten ausdrückte, entzog sich unserer Beurteilung, wir fingen aber an zu vermuten, und wie ich glaube, mit gutem Grund, dass das letztlich zutreffende Wort um das Adjektiv blöd kreisen musste.«

San Pedro de Atacama, das man von Calama aus in etwa einer Stunde mit dem Bus erreicht, ist noch immer ein kleines Dorf in Chile und zählt kaum tausend Einwohner – plus vierzigtausend Touristen pro Jahr, vor allem Holländer, Engländer, Deutsche und Franzosen. Im Verhältnis zur Einwohnerzahl weist San Pedro de Atacama die weltweit größte Abenteuertourveranstalterdichte auf.

Auf den unbefestigten Straßen des Dorfes kreuzen Menschen mit Safarihüten und Rucksäcken, manchmal tragen sie Sandboards unterm Arm, zum Dünensurfen. Die Besucher von San Pedro de Atacama treten den Beweis an, dass das Leben mit vierzig vorbei ist. Nachts, wenn am Himmel über den schwarzen Straßen zwischen den Sternen die Milchstraße leuchtet, öffnen die Kneipen mit ihrem beliebigen Tex-Mex-Ambiente, spielen Manu Chao, Orishas, Sphäriges. Eine chilenische Folkloregruppe kassiert für die musikalische Bodenhaftung.

Marcel ist zwanzig Jahre alt, Kanadier aus Calgary, Sohn chilenischer Exilanten, vier Monate in Südamerika unterwegs. Er sagt, es sei eine Selbstfindungsreise, zu seinen Wurzeln oder so, dafür sei es unabdinglich, viel Pisco Sour zu trinken und Mapuche-Pizza-Hawaii zu essen. Marcel ist mit Kyle unterwegs, den er vor ein paar Stunden kennen gelernt hat. Am Anfang dachte Marcel, Kyle sei Franzose, weil auf seiner Jacke »Canada« steht. Abends wird es kühl in San Pedro de Atacama. Marcel und Kyle tragen Shorts.

Marcel ist ziemlich froh, nicht mehr in Santiago zu sein. Er sagt, seine Oma habe darauf bestanden, ihn an der Hand zu nehmen und zur Bushaltestelle zu bringen. Und sie gaben ihm *Tuna* zu essen, eine schleimige Kaktusfrucht mit Kernen. Er habe aus

Höflichkeit gesagt, dass es ihm schmeckt, sagt Marcel. Als sie ihm körbeweise *Tuna* brachten, teilte er seinen Verwandten mit, dass er das Obst eigentlich doch nicht so gerne mag. Genau genommen: »I hate that shit, man.« Marcel sagt, seine Verwandten hätten ihn erschrocken angesehen. Die Folkloreband spielt »El condor pasa«.

Das Geld für die Reise hat er bei Ikea Calgary verdient, im Selbstbedienungslager. »Eikia«, sagt Marcel, und: »I hate Eikia.« Er erzählt von Großmüttern, die für ein Sitzkissen Lagerregale erklimmen, während kräftige junge Männer sich von ihm, Marcel, die Buchregal-Billy-Bestandteile auf den Wagen wuchten lassen. »Billy«, sagt Marcel, »the bookshelf from hell.« Überhaupt sähen die Möbel nur im Laden gut aus. Und weißt du warum? Wegen der Beleuchtung, Mann. Marcel erzählt von Experten, die raffinierte Beleuchtungssysteme ersinnen, damit die Betten, Schränke und Stühle bei »Eikia« ganz toll aussehen. Und dann kommen die Leute, kaufen und wundern sich, wenn die Sachen bei ihnen scheiße aussehen, sagt Marcel. »It's just the light, man«, sagt Marcel, »so if you have to buy anything at Eikia, buy a fucking light.« Mehr Licht.

Klar, sie zahlen gut. Und man kriegt gutes Essen in der Kantine. Sie versuchen, dich zum Eikia-Menschen zu machen, so dass du nur noch Eikia willst, sagt Marcel, jeder muss bei Eikia arbeiten wollen. Er reißt die Augen auf, nimmt einen Schluck Pisco Sour, knallt das Glas auf den Tresen. »But I tell you, man, it's hell.« Und eigentlich sowieso das Letzte, von wegen Globalisierung und Multis und Billy aus Schweden nach Canada. Marcel und Kyle verlassen wankend die Kneipe, bevor um eins im Dorf der Strom ausgeht. In ihrer Herberge gibt es Wein am Lagerfeuer und einen Typen, der eine Gitarre dabei hat. Marcel ist für die Geysirtour angemeldet. Der Bus holt ihn um vier Uhr morgens ab.

Man könnte die Kirche ansehen, in der Schilder den *Señor Turista* zu einer Spende auffordern, das kleine Heimatmuseum mit der Mumie, den Markt in der Passage mit dem Strohdach, durch das die Sonne fleckig auf die Erde fällt. Dann müsste man den Rest des Nachmittags auf einer Bank an der *Plaza* zubringen oder im Internetcafé dabei zusehen, wie die Verbindung abstürzt. San Pedro de Atacama ist der Weg, nicht das Ziel. Wer tagsüber im Dorf bleibt, ist selbst schuld.

Der Besitzer eines Krämerladens, bei dem ich eine Flasche Wasser kaufe, sitzt vor dem Fernseher. Er blickt auf den Bildschirm, der Panzer zeigt, die durch gesichtslose Alleen kurven, während er ohne hinzusehen mit den Händen in einer Schublade nach Wechselgeld fischt. Bevor ich gehe, sagt er: »Hast du vom Putsch in Venezuela gehört? Sie haben Chávez gestürzt.« Dann starren wir gemeinsam auf den Monitor, sehen die Live-Bilder aus Carácas, unterlegt mit den kargen Kommentaren eines Fernsehsprechers.

Schon seit Monaten wurde in den Meinungsspalten der Zeitungen die Frage erörtert, wie lange sich der 47 Jahre alte venezolanische Präsident Hugo Chávez angesichts von zahllosen Demonstrationen gegen seine Regierung noch würde halten können. Der frühere Oberst der Fallschirmjäger, drei Mal auf demokratischem Weg ins Amt gewählt, hatte sich mit der Kampfansage an das von ihm häufig kritisierte »Establishment« viele Feinde geschaffen, denen vor allem sein Wirtschaftskurs, die engen Verbindungen zur sozialistischen kubanischen Regierung und Gerüchte über eine wie auch immer geartete Unterstützung der kolumbianischen Guerilla ein Dorn im Auge waren. Sein autoritärer Führungsstil, verbunden mit Eingriffen in die Pressefreiheit, hatte die Medien des Landes vergrätzt, während die nur schleichenden Fortschritte bei der anfangs propagierten Bekämpfung sozialer Missstände im Land selbst frühere Anhänger gegen ihn aufbrachten. Venezuela galt als zutiefst gespalten zwischen Chavistas und Anti-Chavistas, ein Graben, der sich auch durch die Streitkräfte zog.

Nach mehreren Massenprotesten, bei denen mindestens 15 Menschen ums Leben kamen, haben regierungsfeindliche Militärs am 12. April Hugo Chávez nun gestürzt, festgenommen und auf eine Insel verfrachtet. An seine Stelle tritt Pedro Carmona, Präsident des Unternehmerverbands Fedecamaras, der behauptet, er habe auf diese Weise nur ein Machtvakuum verhindern wollen. Zu seinen ersten Amtshandlungen zählt das Verbot des Parlaments. Neuwahlen werden auf unbestimmte Zeit verschoben.

George W. Bush ist der einzige Staatschef der westlichen Welt, der den Putsch nicht umgehend verurteilt. Eine Woche später, als Hugo Chávez nach einem Gegenputsch bereits seit fünf Tagen wieder im Amt sitzt, beginnt die Diskussion darüber, was der US-amerikanische Präsident und der CIA wussten, gut hießen und vielleicht sogar unterstützten, bevor in Carácas Panzer durch die Straßen rollten.

Arica

Aus chronistischen Gründen soll nicht unerwähnt bleiben, dass die Jungs auf dem Weg nach Arica eine weitere Nacht Seite an Seite mit dem chilenischen Proletariat verbrachten. »Wir gingen früh schlafen, denn die Arbeiter arbeiten von zwei bis zehn Uhr morgens«, schreibt Alberto. »Vor dem Einschlafen nahmen wir noch an einem originellen, übel riechenden und ziemlich lauten Furzwettbewerb teil, und trotz aller Bemühungen belegten wir nur einen schändlichen letzten Platz.« Ich überspringe den Schauplatz dieser historischen Niederlage, Iquique, und steige erst aus, als wir am frühen Morgen in Arica ankommen. Wer weiß, ob wir unterwegs auch das Gebiet der sieben Pampas durchquert haben. Der nachtschwarze Himmel macht Spiegel aus den Fenstern, die tagsüber Ausblicke in endlose Wüsten eröffnen müssten.

Der französische Architekt Gustav Eiffel hat den Ariqueños im Zentrum eine Kathedrale hinterlassen, in deren schmiedeeisernen Ornamenten seinen Pariser Turm erkennen kann, wer daran glaubt. Eigentlich war das Gebäude für eine andere Stadt in Peru bestimmt. Die Kirche wurde nach Arica transportiert, nachdem die alte Kirche von einer Flutwelle zerstört worden war. Der alte Bahnhof, von dem früher die Züge nach La Paz und Tacna abfuhren, liegt verwaist. Es heißt, die Gleise seien bei einem Unwetter kaputt gegangen.

Auf einem Felsen über dem Pazifik weht eine riesige chilenische Fahne im Wind. »Arica«, schreibt Ernesto, »ist eine sympathische kleine Hafenstadt, die noch an ihre früheren Besitzer, die Peruaner, erinnert und eine Art Übergang zwischen den beiden trotz ihrer geografischen Berührung und ihres gemeinsamen Ursprungs so unterschiedlichen Ländern bildet.« Beim Versuch, diese Erinnerung an die vergangenen Besitzverhältnisse zu unterstreichen, verursachten vor Jahren peruanische Touristen einen diplomatischen Skandal, als sie den rot-blau-weißen Stoff gegen eine rot-weiße Flagge von jenseits der Grenze austauschten. Die peruanische Botschaft bemühte sich später glaubhaft zu machen, ihre Landsleute seien betrunken gewesen, wobei kaum jemand mit erheblichen Mengen Alkohol im Blut in der Lage sein dürfte, eine derart riesenhafte Fahne zu hissen. Von »sympathisch« und »klein« jedenfalls kann beim Anblick Aricas keine Rede mehr sein.

Der Bürgersteig vor dem Internationalen Busterminal gehört den Fahrern der Colectivo-Agenturen, die – »¿Tacna? ¿Tacna?« – nach Fahrgästen suchen, während in den Büroverschlägen Angestellte Zollformulare ausfüllen. Das Taxi fährt los, sobald der Fahrer vier Fahrgäste zusammen hat.

Ein älterer Herr auf der Rückbank gibt sich als Peruaner zu erkennen, die beiden anderen schweigen. Vorübergehend kommt eine lebhafte Diskussion in Gang, als es um die Frage geht, bis wohin genau Chile früher Peru war. Am Ortsausang verabschiedet sich Coca-Cola, Sponsor chilenischer Städte und Dörfer, von den Besuchern: »Arica, siempre Arica.« Über den Rücksitzen ruht Stille.

Nach der Kontrolle auf der chilenischen Seite weist eine Tafel über der Landstraße auf den Grenzübertritt hin: »Gracias por su visita«, mit chilenischem Stern, das Ganze auch auf Englisch und der Indígena-Sprache Aymara. Weniger Meter später fallen die Scheinwerfer auf ein grünes nüchternes Schild: »Bienvenidos a Peru«. Vor dem Zollgebäude sitzen peruanische *Cholas*, Frauen in Tracht mit bunten Bündeln auf dem Rücken, häufig größer als sie selbst. Die stark gerafften Röcke reichen bis knapp über das Knie, mehrere Stoffschichten übereinander, oben drauf eine Schürze und darüber mehrere Wollpullover. In die Spitzen ihrer langen Zöpfe sind schwarze Troddeln geflochten. Die Frauen tragen Filzhüte. Das Neonlicht der Zollstationen erhellt ihre müden Gesichter. »Ich freue mich darauf, das Leben der ausgebeuteten Quechua selbst kennen zu lernen«, notiert Alberto am 30. März 1952.

Tacna

Der Salpeterkrieg zwischen Chile und Peru war lange vorbei, als das unglückliche Tacna 1929 per Plebiszit beschloss, nicht mehr dem siegreichen Chile, sondern der ursprünglichen peruanischen Heimat angehören zu wollen. Kinder und Kindeskinder, die heute in zugigen Mobiltelefonfilialen, Restaurants, Friseursalons oder gar nicht arbeiten, dürften ihre Ahnen dafür verfluchen, während sie von Jobs in chilenischen Häfen träumen und ihre Augen dabei leuchten. Chilenische Löhne liegen weit über dem peruanischen Durchschnitt. Im andinen Grenzland bewegt sich die Emigration auf Einbahnstraßen: Zu Zeiten der Pinochet-Diktatur flüchteten chilenische Verfolgte nach Norden, heute treibt die Armut die Elenden aus Peru in den Süden.

Auf den Kunsthandwerksmärkten Tacnas verkaufen Einheimische, was Touristen ihnen auf den Leib wünschen, aber es gibt zu wenige ausländische Besucher mit Kamera und Kleingeld in der Tasche in Tacna, als dass es sich lohnen würde, am Nachmittag unter bunten Wollstoffen mit einem Babylama im Arm vor den verschlossenen Türen der Kathedrale zu schwitzen. Die meisten Peruaner kaufen auf überdachten Märkten in engen Gassen ein, wo ihnen die Ärmel und Hosenbeine der Markenimitate ins Gesicht schlagen, T-Shirts mit Aufdrucken von Bart Simpson, Osama Bin Laden und Bob Marley.

Dieser Dienstag ist ein schlechter Tag zum Einkaufen. Eine Tränengaswolke liegt über dem Marktplatz, kriecht unter Plastikplanen und beißt im Gesicht. Der Süden Perus protestiert gegen die Privatisierung von Licht und Wasser. Ein paar Demonstranten stehen mit ihren Transparenten unschlüssig abseits, zwischen den Palmen eines Boulevards, lösen sich gegen Mittag zögernd auf, während über dem Markt der Himmel aufklart. Schulkinder in Uniformen nehmen vorübergehend die Straßen, bevor sie in die Internetcafés der Innenstadt abbiegen, über die PCs herfallen und auf den Bildschirmen schreiend Fabelwesen abknallen. Am späteren Nachmittag übernehmen die älteren, chatten und laden Softporno-Seiten aus dem Netz, sitzen zu dritt vor einem Monitor und kichern.

Am Mittwochmorgen tritt im Café Genova ein Mann an meinen Tisch, bemüht die Augen zu öffnen und offen zu halten, und sagt mit schwerer Zunge:

»Guten Tag, mein Name ist Jimmy. Ich bin der berühmteste Mann von Tacna.«

»Ach was. Warum?«

»Weil ich seit 31 Jahren hier lebe.«

»Ja, na und?«

»Keiner lebt hier seit 31 Jahren, nur ich. Verzeihung.«

Jimmy stößt sich die Kante eines freien Stuhls in die Kniekehlen, fällt darauf und erwähnt, er sei außerdem Künstler und nebenbei gesagt der beste Tänzer der Welt, deshalb auch im Ausland bekannt, Salsa, Cumbia, Merengue und so – wasuwillst, mein Schatz.

Und heilig sei er, aber die Leute in Tacna wollten ihm das nicht glauben, weil nichts über ihn in der Bibel steht. Jimmy sagt, dass die Leute in Tacna keine Ahnung haben.

»Klar steht was über mich in der Bibel. Ich weiß das, ich hab sie nämlich gelesen, als ich zehn Jahre alt war, und da steht, wer seit mehr als dreißig Jahren in Tacna lebt und ein Kreuz auf der Stirn hat, ist der Auserwählte.«

Jimmy deutet kreisend auf seine Stirn, wo den vielen horizontalen Falten zum Kreuz die Senkrechte fehlt. »Man kann es vielleicht schlecht erkennen, aber ich hab ein Kreuz auf der Stirn, jawohl. Und ich lebe seit mehr als dreißig Jahren in Tacna. Also bin ich der Auserwählte. So.« Als der Kellner die Schokotorte bringt, steht Jimmy auf, verabschiedet sich mit einem angedeuteten Handkuss und läuft auf die Straße. Vielleicht mögen Auserwählte keine Schokotorte.

Eine Passantin rät der Kassiererin im Vorbeigehen, die Türen zu schließen, der Protestzug komme gleich oben um die Ecke. Zwei Tage Streik hintereinander, sagt sie, seien zu viel.

Minuten später ziehen die Demonstranten friedlich an der Glasfront des Café Genova vorbei, unter schwarzen Regenschirmen, die vor Sonnenschein schützen, flankiert von Polizisten mit Plastikschilden und Schutzhelmen. Eisverkäufer schließen den Zug mit kleinen Schellen und Karren, auf denen »Nebraska« steht. Als die Leute eine Stunde später mit zusammengerollten Transparenten zurückspazieren, lässt die Kassiererin die Türen offen stehen. Sie erzählt, dass es bei Demonstrationen manchmal zu spontanen Plünderungen kommt, dass sie im Café Genova schon einmal die Fensterscheiben zertrümmert haben, dass Präsident Toledo zu viel versprochen und zu wenig eingelöst hat. Die Privatisierungen seien ein Versuch seiner Regierung, die desolaten Staatsfinanzen ein wenig auszugleichen, ein unsinniger Versuch, denn was weg ist, ist eben weg, sagt die Kassiererin, und wenn Wasser und Licht erst mal privatisiert sind, gibt es preislich kein Halten mehr.

Vor dem Fenster schieben die Eisverkäufer langsam ihre Karren bergauf. Zwei Tage Streik hintereinander sind zu viel, sagt die Kassiererin. Die Kirchen bleiben an beiden Tagen geschlossen.

Am Busbahnhof, das heißt: in den Bretterverschlägen am Rande der Ausfallstraße, versammeln sich am Abend die Fahrgäste Richtung Puno. *Cholas* sitzen auf ihren Stoffbündeln am Boden, ziehen Dampfendes aus Säcken und verkaufen es im Halbdunkel zwischen den Abgasen der wartenden Busse. Im Innern wuchten Menschen Pakete durch den engen Mittelgang.

Neben mir sitzt Ricardo, ein Krankenhausbettenvertreter aus Lima, der mir erzählt, wie viele Betten er in Tacna verkauft hat, und über die Krankenhausbettenbranche im Allgemeinen plaudert. Er ist etwa fünfzig Jahre alt, geboren in Iquitos, einer Stadt mitten im peruanischen Amazonasgebiet, in der auch Ernesto und Alberto Station machten. Er sagt, die Leprakolonie von San Pedro, die die Jungs damals besuchten, gebe es noch immer, allerdings kleiner als früher, weil die meisten Kranken inzwischen geheilt seien. Ricardo erinnert sich an Schiffe auf dem Fluss, die die Kranken damals ins Hospital brachten, Schiffe mit Käfigen, aus denen sie ihre Arme streckten und riefen. Leprösen und Angestellten der Kolonie sei der Zugang zur Stadt verboten gewesen.

Während Ricardo recht übergangslos anfängt, auf den flüchtigen Ex-Präsidenten Fujimori und die von ihm eingeleiteten Privatisierungen zu schimpfen, beginnt auf den Fernsehmonitoren über unseren Köpfen »Braveheart«, so leise, dass niemand etwas versteht, was zu verhaltenem Protest führt, ohne feststellbaren Erfolg. Eine Angestellte des Busunternehmens turnt über die Gepäckstücke im Mittelgang und verteilt graue Wolldecken, die stinken.

Zwei Stunden später, in dem Moment, als »Braveheart« über unseren Köpfen enthauptet werden soll, tut es auf der linken Seite des Busses plötzlich einen lauten Schlag. Ein paar Leute schreien auf, der Bus verlangsamt sein Tempo. Ricardo sagt, ein Reifen sei geplatzt. »Wenn das in einer Kurve passiert wäre, dann wären wir jetzt wahrscheinlich alle tot.« Gerade Straßenabschnitte sind rar in den Anden.

Ricardo sagt, das Busunternehmen sei neu und habe nur drei Busse, die ständig benutzt und aus Kostengründen selten überprüft würden. Ich lasse mir von ihm für's nächste Mal die Namen einiger zuverlässiger Firmen nennen und wiederhole sie wie ein Gebet.

Die Hälfte der Besatzung nutzt die unverhoffte Gelegenheit zum Pinkeln am schwarzen Straßenrand. Im Schein einer Taschenlampe wechselt der Fahrer den Reifen. Ich streife mit der Hand über das kaum vorhandene Profil des Ersatzreifens und frage mich, wie der Mann überhaupt sehen kann, was er tut. Die Warnblinkanlage wirft gelbe Lichtsequenzen auf *Cholas*, die in Decken gewickelt im Straßengraben sitzen und gleichgültig warten. Irgendjemand lacht. Ich möchte ihn schlagen.

Zurück am Platz weist Ricardo erneut auf das Kurvenrisiko hin, als hätte ich es vergessen können. Ich frage ihn, ob er glaube, dass noch ein Reifen platzen wird, was er verneint, sich allerdings anschließend bekreuzigt. Irgendwann geht die Fahrt weiter.

Nachdem ich vor Ricardo wortreich mit meiner Höhenunempfindlichkeit geprahlt habe, wird mir gegen Mitternacht furchtbar schlecht. Tacna liegt am Meer, Puno in 3855 Metern Höhe. Außerdem ist es eiskalt, aber ich kann mich nicht zudecken, weil mir noch schlechter wird, wenn ich die stinkende Decke näher an mein Gesicht ziehe. Ich wecke Ricardo und bitte ihn um eine seiner Tabletten. Kurz durchzuckt mich der Gedanke, er könnte diese Gelegenheit ausnutzen und mir K.-o.-Drops verabreichen. Aber im Grunde wäre mir im Moment auch das egal. Besser bewusstlos als höhenkrank. Bevor er sich wieder hinlegt, leert Ricardo eine seiner Plastiktüten und breitet sie unter meinem Kinn aus.

Der Rest der Fahrt verläuft glimpflich, ohne Erbrechen und Abstürze jedenfalls. Als wir am nächsten Morgen um sechs Puno erreichen, wird es draußen gerade hell. Im ersten Licht des Tages sehe ich, dass die stinkende Decke auf meinem Schoß Spuren von Halbverdautem trägt, das nicht meines ist. Ich bin müde und entnervt und wünsche mich an einen guten Ort, wenigstens an einen, wo es warm ist und nicht nach Mageninhalt riecht.

Puno

Leere Flaschen und Plastiktüten stecken in einer grünen Algenschicht, die die Ufer des Titicaca-Sees in der Bahía de Puno bedeckt. Aus Rohbauten schütten Hausfrauen schmutziges Wasser in Straßen ohne Namen. Kein Slum – das Leben. An der »allgemeinen Armut der Gegend«, die Ernesto vor fünfzig Jahren vorfand, hat sich nichts geändert. Den Kindern von Puno brennen Sonne und Kälte in der Höhe schorfige Wunden auf die Wangen.

Markt ist immer, Kunsthandwerk am Bahnhof, Gemüse, Obst und Pflanzenfarben in Richtung Hafen, wo eine *Chola* wie ein dicker Fisch an Land vor ihrem Bastparavent liegt, hinter einem Haufen halbtrockener Blätter, von denen sie sich immer wieder ein paar frische in den Mund steckt und kaut. Feuchte Münder allenthalben, kauende Kiefer. Wenn sie sich öffnen, zeigt der Mund von grünem Speichel verfärbte Zähne, bedeckt von Cocafetzen. Ausländer trinken Tee aus den Blättern, ein voller, satter, sanfter Geschmack, gänzlich rauschfrei. Angeblich hilft das gegen die Höhenkrankheit, vielleicht auch gegen Durchfall, wahrscheinlich bringt Coca sogar Glück, manchmal in Teebeuteln.

Und Ausflüge gibt es. Busse sammeln früh am Morgen Touristen ein, fahren an den schlammigen Seitenstraßen vorbei zum Hafen, wo ein Boot bestiegen wird, um raus zu fahren auf den höchsten schiffbaren See der Welt. An Bord kreist die Unterhaltung auf Englisch um einen Qualitätsvergleich von »South American Handbook« und »Lonely Planet«.

Die Uru, Bewohner künstlicher schwimmender Schilfinseln auf dem Titicaca-See, haben vor Jahren beschlossen, gemeinsam Eintritt zu verlangen, statt allein für jedes Foto um Geld zu bitten. Kinder in bunten Trachten springen über den weichen Inselboden, der beim Auftreten nachgibt. Ein nordamerikanischer Medizinstudent kauft an einem der Kunsthandwerksstände ein kleines Schilfschiff. Als er es aufs Wasser setzt, geht es unter. Die »vereinzelten Flöße aus Rohrkolben«, vermutlich Totora-Boote, die die Jungs vor fünfzig Jahren noch auf dem Titicaca-See schwimmen sahen, legen heute fast ausschließlich für Touristen ab. Der Führer sagt, immer mehr junge Leute verließen die Inseln, um in Puno zu studieren, und kehrten nicht zurück.

Während der zweistündigen Fahrt nach Taquile erzählt der Guide auf Spanisch und Englisch, diese Insel sei etwas ganz Besonderes, weil die einheimischen Männer stricken und weil die Preise für das, was sie stricken, nicht verhandelbar sind. Niemand versucht es. Es geht also.

Ernesto und Alberto mussten sich mit dem begnügen, was sie auf dem Festland über die Fischer der Inseln hörten, »von denen manche in ihrem Leben noch keinen Weißen gesehen haben«. Mittlerweile sehen sie im Schnitt hundert pro Tag, manche bleiben auch über Nacht auf der Insel. Der Tourismus kam Ende der siebziger Jahre nach Taquile. Gegen Mittag legen die Ausflugsschiffe an und nehmen das meiste ihrer Fracht zwei Stunden später mit zurück nach Puno.

540 Stufen führen vom Hafen ins Dorf, vorbei an steinernen Sonnentoren, über denen ein blasser Mond am wolkenlosen Himmel steht. Es gibt keine Straße, keinen Lastenaufzug entlang der Treppe, die die Träger des Dorfes stoisch mit Sandalen aus Autoreifen nehmen und unterwegs atemlose Ausländer überholen, denen Kinder Kräuterbündel anbieten: *Muña*, noch so ein Kraut, das gegen die Tücken der Höhenkrankheit helfen soll.

Beim Mittagessen erläutert der Führer die Bedeutung der traditionellen Kopfbedeckungen Taquiles, anhand derer – je nach Farbe und Zipfelausrichtung – die Einheimischen als Verheiratete oder Ledige zu erkennen sind. In einem Laden am Dorfplatz probiere ich eine Mütze an und frage die Umstehenden, ob das so sein muss, dass mir die Kappe am Haaransatz das Blut abdrückt. Die Männer nicken ernst. Ein kleiner Junge kichert, wahrscheinlich sind ihm die Männer später deshalb ein bisschen böse.

Auf den steilen Hängen grasen Lamas. Ausländer wirken im Umgang mit den Tieren stets beklommen, denn obgleich der belesene Reisende weiß, dass die Tiere nur spucken, wenn sie sich ärgern, gibt keines der einschlägigen Werke Antwort auf die irgendwie dringende Frage, worüber sich ein Lama ärgert. Wenn man es tritt? Anfasst? Ansieht? Könnte es nicht denken, man lache es aus, wenn man es eigentlich anlacht? Und wäre ein Lama darüber sehr verärgert?

Auf der *Plaza* von Puno, vor der Kathedrale, einem der wenigen historischen Gebäude der Stadt, erklärt mir der Kunde eines einbeinigen Schuhputzers den Unterschied zwischen Lamas, Alpacas, Vicuñas und Guanacos, südamerikanische Gattungen der Kamelfamilie. Der Peruaner, sagt er, mache sich gar keine Gedanken darüber, ob sich ein Lama ärgert oder nicht. Man müsse beherzt auf sie zugehen und ihren langen Hals umarmen, dann könnten sie sich nämlich nicht wehren. Im Übrigen werde jeder Peruaner im Laufe seines Lebens ein paar Mal von einem Lama angespuckt und das sei zwar in der Tat ein bisschen ekelhaft, aber nicht zu ändern.

Der Zug nach Cuzco verlässt Puno pünktlich um acht Uhr morgens. Der Reisende wählt zwischen Clase Turismo und Inca Class, wobei Rentnerreisegruppen Letztere bevorzugen. Der Zugang ist Passagieren der Clase Turismo strengstens verboten. Erst später, als wir auf einem Nebengleis halten, um den entgegenkommenden Zug aus Cuzco vorbeizulassen, können wir einen Blick auf die gepolsterten Inca-Sitzgruppen und die exklusive Inca-Aussichtsplattform am Zugende werfen, auf der filmende Gringos ihre Objektivrohre in die Landschaft halten. Einheimische fahren nicht mit dem Zug, weil es sich kaum jemand mehr leisten kann, seit das Unternehmen privatisiert wurde.

Hinter der Stadtgrenze beginnt die grüngraubraune Steppe mit bunten Flecken, die in endloser Entfernung Vieh über die Weiden treiben, einfachen Adobehütten und Lamas, die Schafen ähneln, wenn sie den Hals zum Grasen beugen. Eine Landschaft, so schön, dass die Reisenden nacheinander die Bücher auf die Knie sinken lassen, aus dem Fenster schauen und unwillkürlich lächeln.

Während die Schaffnerin an den Plätzen ein überteuertes Mittagsmenü anbietet, treten vor dem Fenster die Berge aus der Hochebene. In den Dörfern, die der Zug passiert, bleiben nur wenige Meter Raum zwischen Häuserwänden und Schienen. Wenn der Zug hält, treten Frauen an die Fenster, bieten Stricksachen an oder *Choclo*, Mais mit einer Ecke Käse, meist auf einem Blatt serviert.

Wir erreichen Cuzco am Abend. Ich teile mir ein Taxi mit zwei Deutschen, die sich auf dem Rücksitz darüber aufregen, dass uns der Fahrer übers Ohr gehauen hat, weil wir statt drei Soles, die eine Innenstadtfahrt üblicherweise kostet, sieben Soles bezahlt haben. Sieben Soles sind zwei Euro. Es gibt wenig Lästigeres als europäische Touristen, die mit Peruanern um lächerliche Summen feilschen. Manche von ihnen behaupten, sie spendeten an Weihnachten für wohltätige Zwecke.

Cuzco

Sieben Tage später wird mir ein Junge in einem Internetcafé in Abancay drei Fragen stellen, die wichtig sind, wenn man jünger als zwanzig ist und in der Nähe vom peruanischen Nabel der Welt aufwächst:

»Where are you from?«

»Warst du schon in Cuzco?«

»Kennst du das Mama Africa?«

Jene Internetbar an der Plaza de Armas, von wo aus Rucksacktouristen ihre Reiseberichte in die Welt schicken, vor allem nach Israel und Frankreich, von Urlaubsbekanntschaften schreiben, die im Nebenraum auf dem Fußboden sitzen und MTV schauen. Du kannst alles haben, alles hören, wenn du nachts durch die Straßen von Cuzco läufst, nur kein Spanisch, fast keines wenigstens. »*Amiga*, do you want to eat?« Restaurants, Abenteuerveranstalter, Juweliere, Souvenirgeschäfte und Internetcafés teilen sich die Seiten des exklusivsten Platzes der Stadt. Wenige Peruaner bewegen sich auf der *Plaza*, seit die fliegenden Händler in eine abgelegene Markthalle an der Calle Huascar verbannt worden sind. Zu viele Diebstähle, sagt ein Schuhputzer.

San Blas gilt als Künstlerviertel Cuzcos. Kunsthandwerk hängt in den Türrahmen der Häuser entlang der engen Kopfsteinpflastergassen, goldene Rahmen, Spiegel, Gemälde, Schmuck und Antiquitäten, dazwischen unzählige Kneipen. Im Macondo hebt der Kellner die Glasplatte auf einem der Tische, sucht zwischen Fotos vergangener Schaumweinpartys und Andenexkursionen nach einem Bild des Besitzers, »er wird dir gefallen, Andrés ist nämlich Gaultier-Model«.

Im Hinterzimmer läuft brasilianische Musik, die

Blumenmotive von den Wänden (»Andrés malt auch gerne«) gibt es auf Tellern und Tassen zu kaufen, in Gold gerahmt hängt ein Zitat aus dem großartigsten kolumbianischen Roman des 20. Jahrhunderts, in englischer Übersetzung. Der Kellner hat die Set-Karte gefunden. »Andrés stammt aus Cuzco«, sagt er. Später wird er es noch einmal erwähnen. Aus einem Holzständer quellen Flugblätter mit Angeboten für Sprachkurse in Spanisch und Quechua, Massage und Esoterik-Seminare.

»Haben Sie schon den zwölfwinkligen Stein gesehen, *Señorita*?« Edwin stößt sich von der Inka-Mauer an der Hatun Rumiyoc ab, macht zwei Schritte auf mich zu und versucht, mir mit seinem Körper so viel Aussicht auf das Baukunstwerk zu verstellen, wie man eben verstellen kann, wenn man dreizehn Jahre alt ist und klein. Ich bleibe stehen, Edwin setzt nach mit der Erzählung von einem Stein mit dreizehn Winkeln, aber der sei auf der anderen Seite des Gebäudes, einem späteren Zeitpunkt der Tour vorbehalten und auch eigentlich gar nicht so wichtig, bauhistorisch betrachtet. Der Junge plaudert über Inka-Architektur wie ein Professor.

Aus einer Kiste, in der er die Postkarten aufbewahrt, die er abends verkauft, zieht er ein Papier, auf dem er ein Steinensemble aufgemalt hat, das am Paseo Inca Roca – »bitte folgen Sie mir, *Señorita*« – einen Puma formt. Er drückt mir das Papier in die Hand, geht auf die Mauer zu, »hier ist der Kopf, da sind die Ohren, hier kann man das Auge erkennen, sehen Sie's, *Señorita*, den Körper (er läuft ein paar Schritte nach rechts), den Schwanz und sein Geschlecht«, ein kleiner dreieckiger Stein.

Ich unternehme einen strebsamen Versuch, das im Reiseführer Nachgelesene anzubringen und frage, ob die runden Vorsprünge in den Steinen früher als Haken dienten, um die riesigen Quader aufeinander schichten zu können. Edwin nickt, ernsthaft, und sagt, die Archäologen gingen davon aus, dass die Steine mit einem Haken Männlichkeit, die mit zweien Weiblichkeit symbolisieren sollten. Er macht eine Pause. »Aber ich glaube das nicht«, Edwin läuft die Mauer entlang, »denn ich frage Sie, *Señorita*«, deutet auf einen Stein, der drei Vorsprünge aufweist, »was sollte das hier dann wohl sein? Ein Hermaphrodit?« Edwin grinst.

Unterwegs zum versprochenen dreizehnwinkligen Stein zeigt Edwin auf ein Mauerstück, wo die spanischen Eroberer versucht haben, den Stil der Inka nachzuahmen, nachdem sie deren Bauten zunächst zerstört und die Ruinen als Steinbrüche für ihre Kirchen und Kathedralen missbraucht hatten. Die Imitation mit ihren breiten verputzten Fugen wirkt plump, verglichen mit den lückenlosen Steinverbindungen, auf denen sie aufbaut. »Keine saubere Arbeit«, sagt Edwin.

Während ich im Portemonnaie nach Münzen suche und Edwin höflich auf den Boden blickt, frage ich den Jungen, wann er eigentlich zur Schule geht. Nachmittags, sagt er und steht dann tatsächlich nicht mehr in der Hatun Rumiyoc, als ich einige Stunden später die Gasse entlang laufe. Ein Mädchen löst sich von den Steinen, »Haben Sie schon den zwölfwinkligen Stein gesehen, *Señorita*?«, verstellt mir mit ihrem kleinen Körper den Blick.

Ernesto war begeistert, als die Jungs am 31. März 1952 Cuzco erreichten. Er widmet dem Aufenthalt fünf Kapitel seines Tagebuchs, lästert exemplarisch über einen nordamerikanischen Touristen, »der mit seinem Fotoapparat und seinem Sporthemd in dieser Abgeschiedenheit der Inka ein Sendbote aus einer anderen Welt zu sein scheint«. Fünfzig Jahre später hat sich das Blatt gewendet. Am Rande der Tourismuslawine, die die Region alljährlich überrollt, wirken häufig die Einheimischen wie Fremdkörper und sind in der Minderheit, wenn sie in Pisac eine Messe auf Quechua feiern, umgeben von Ausländern, die unschwer an Haarfarbe und regenfesten Rücken zu erkennen sind.

Mit einer Überdosis martialischen Pathos beschreibt Ernesto ein »Cuzco, das dazu einlädt, das Schwert zu gürten und auf dem breiten Rücken eines Pferdes im kraftvollen Galopp das schutzlose Fleisch der nackten Erde zu durchpflügen, deren Menschenmauer zu wanken beginnt und unter den vier Hufen des Tiers begraben wird«. Insgesamt macht er drei Städte aus, unter ihnen ein Cuzco der Touristen, das mit dem kämpferischen wenig gemein hat. Inzwischen sind daraus drei Paralleluniversen entstanden: das Cuzco der Einheimischen, das der Touristen und die tote Welt der Inka. Der aufständische Geist ist gebrochen, seit das Erbe kommerzialisiert und jeder Stein touristisch vermarktet wird. Was bleibt ist das gefällige Bild einer untergegangenen Zivilisation.

Architektonisch gleicht die Stadt noch immer einer »riesigen Ausstellung: die Kirchen natürlich, aber auch jedes Haus, jeder Balkon in einer beliebigen Straße beschwört eine untergegangene Zeit«. Die Jungs besuchten Cuzco zwei Jahre nach dem großen Erdbeben von 1950, das Teile der Kathedrale zerstörte und die grauen Steinblöcke des Sonnentempels freilegte, auf dessen Grundmauern die Spanier das Kloster Santo Domingo errichtet hatten. Die glatten Oberflächen der dunklen Zyklopenmauer glänzen in der Sonne, beinahe triumphal, wie eine späte Richtigstellung.

Die Reparatur der Schäden in der Kathedrale dauert noch immer an. Touristen flanieren vorbei an Baugerüsten und Plastikplanen, die einzigen Peruaner sind Restauratoren, Bauarbeiter und die Bettler vor den Portalen. Die gewellten Leinwände der riesigen Gemälde, in deren Falten sich der Staub sammelt und die Farben schluckt, stecken in gebrochenen Rahmen, von denen das Blattgold blättert. Gedrechselte Pforten hängen schief in ihren Angeln vor Altären, die Heiligenfiguren tragen den Namen des Spenders im Saum ihrer Kleider.

Die Jungs nahmen den Zug von Cuzco nach Aguas Calientes, am Fuß von Machu Picchu. Sie fuhren dritter Klasse, »die für einheimische Indios bestimmt ist. (…) Die Touristen in ihren komfortablen Schienenbussen haben natürlich von den Lebensbedingungen dieser Indios nur eine vage Vorstellung.« Ausländern ist die Fahrt in normalen Zügen heute verboten, aus gutem Grund: Sie sollen zahlen und nicht das günstige Angebot für Einheimische ausnutzen. Auch den Inka-Trail, einen alten 45 Kilometer langen Fußweg, der von Qoriwayrachina nach Machu Picchu führt, dürfen Besucher seit einigen Monaten nur noch in Begleitung von Guides bewandern – zu viel Abfall an den Pfaden, zu viele Waldbrände. Das billigste Paket Zug plus Bus plus Führer auf dem archäologischen Gelände kostet achtzig Dollar.

Um dem Tal von Cuzco zu entkommen, kreuzt der Zug lange den steilen Berghang hinauf, zieht zur einen, dann zur anderen Seite, bis die Schienen geradeaus führen, den Urubamba entlang, ein brauner Fluss, der immer wilder schäumt, während die Landschaft ringsrum immer grüner und die Berge höher werden, vorbei an steilen Abhängen, die schwindelig machen, wenn man versucht mit dem Kopf im Nacken bis zum Gipfel zu sehen. Im Zug suchen die Guides ihre Gruppen zusammen, erklären das Programm und meist mehrfach, wie die Teilnehmer vom Bahnhof zur Haltestelle der Busse kommen, die sie nach Machu Picchu bringen, dabei sind Erläuterungen überflüssig. Den Weg markieren Kunsthandwerker mit ihren Ständen, fliegende Händler mit Bauchläden, die Batterien, Filme und Insektenschutzmittel verkaufen.

Im Bus, der sich auf einer gewundenen Straße in die grünen Berge schraubt, komme ich mit Cosme ins Gespräch, dem Führer meiner Gruppe. Er ist etwa Mitte dreißig und arbeitet seit zehn Jahren als Guide in Cuzco. Ich erzähle ihm von meinem Projekt und staune über das Leuchten, das sich in seinem Gesicht ausbreitet. Cosme lässt mich ausreden, dann sagt er: »Das ist ja fantastisch.« Er schluckt. »Ich verehre Che Guevara, in meiner Wohnung hängt ein großes Bild von ihm. Und er war hier? Wirklich? Che war auf dem Machu Picchu?« Cosme schüttelt den Kopf. Er wendet sich zum Fenster. Seine Augen glänzen feucht, als er mich wieder ansieht.

Cosme erzählt von einer Tour, bei der er oben ein paar Chilenen führte, vor zwei Jahren. Sie waren ihm schon im Zug aufgefallen, wo sie »Las Alturas de Machu Picchu« von Pablo Neruda hörten. Cosme sagt, das habe ihn beeindruckt, weil sie sich auf den Besuch vorbereiten wollten. Sie hatten kein Geld, also bot er ihnen an, sie umsonst über die Anlage zu führen. Gemeinsam bestiegen sie Huayna Picchu, den Berg, der auf den berühmten Panoramabildern im Hintergrund der Ruinen aufragt. Die Chilenen hissten auf dem Gipfel eine Che-Guevara-Fahne. Ein wunderbarer Tag, sagt Cosme.

Alberto schreibt in seinem Tagebuch, Ernesto und er hätten damals oben eine Flasche mit einem Zettel hinterlassen, der ihre Namen enthielt. Später überlege ich, ob ich danach suchen muss. Der Aufstieg dauert etwa eine Stunde. Die Menschen oben sehen von unten sehr klein aus. Cosme sagt, man muss mit der Besteigung warten, bis der Berg einen ruft. Und wir haben Glück. Er ruft nicht.

Die Busse parken unterhalb der Snackbar, entlassen die Besucher auf einen Vorplatz, wo es Toiletten gibt, eine Garderobe und ein Geschäft mit schicken Alpaca-Klamotten. Wenige Meter hinter der Kartenkontrolle am Eingang, hinter der Kurve, die der Weg an dieser Stelle nimmt, und einem steinernen Portal eröffnet sich ein Blick, der dir den Atem nimmt, auch wenn du das Bild schon hundertfach auf Postkarten gesehen hast. Du möchtest augenblicklich alleine sein, alle anderen mit ihren Kameras und neonbunten Regencapes nach Hause schicken. Du weißt, dass auch sie dich ins Tal wünschen. Also atmest du tief ein und aus und fügst dich in dein Schicksal.

Cosme steht auf einem Stein, hinter ihm der Abgrund, vor ihm Touristen aus Holland, Japan und England. Er erzählt von der ungewissen Bedeutung des Namens Machu Picchu, von der Geschichte des nordamerikanischen Entdeckers Bingham, der dem peruanischen Jungen, der ihn am 24. Juli 1911 zu den von Pflanzen überwucherten Ruinen führte, nicht mal ein Trinkgeld gegeben haben soll, und er erwähnt, dass die Mumien, die im Bereich der Anlage gefunden wurden, heute allesamt in den Vereinigten Staaten seien. »Auf Urlaub«, sagt er. Cosme grinst. »Denn wer Urlaub macht, der muss auch irgendwann wieder nach Hause kommen.«

Gemeinsam bezwingen wir die Plattform des Intiwatana, ein geschliffener Felsen, für die Inka vermutlich von sakraler Bedeutung. Cosme weist darauf hin, dass aus dem Stein eine Ecke herausgebrochen ist. »Das ist vor zwei Jahren passiert, als bei den Dreharbeiten für einen Bierwerbespot ein Kamerakran auf den Felsen stürzte.« Ein Skandal, natürlich, der seinerzeit allerdings kaum zur Kenntnis genommen wurde, weil Menschen und Medien mit den Skandalen um die Regierung von Ex-Präsident Alberto Fujimori beschäftigt waren. Einen Tag nach dem Unglück auf Machu Picchu floh Fujimori nach Japan. »Vielleicht ein Zeichen«, sagt Cosme.

Sein kurzer Vortrag über die metaphysische Relevanz des Ortes erklärt die Anwesenheit von drei Frauen, die mit Lamas bestickte Käppchen tragen und um den Stein herum stehen, mit hängenden Armen und auf den Stein ausgerichteten Händen. Eine von ihnen reißt immer wieder den Mund auf und gähnt, kann sich aber vermutlich nicht die Hand vor den Mund halten, weil das die positiven Pachamama-Erd-Vibes stören würde. An einem anderen sakralen Felsen der Anlage lehnt eine italienische Reisegruppe mit gespreizten Armen und Beinen wie zur Leibesvisitation. Zwei Mädchen aus Israel stellen mit gezückten Kameras schreiend einem Lama nach.

Später, in der Snackbar am Eingang, übersetze ich Cosme holprig die Machu Picchu betreffenden Passagen aus Ernestos Tagebuch, das in peruanischen Buchhandlungen kaum erhältlich ist. Cosme blickt konzentriert auf die Spitzen der Berge und macht sich Notizen. Am besten gefällt ihm die Rede von der Siedlung, »die in ihren Mauern den letzten Angehörigen eines freien Volkes Schutz bot« und eine lange, atemlose Schlussfolgerung: »Sicher ist, und das ist wichtig, dass wir uns hier vor einem reinen Ausdruck der mächtigsten eingeborenen Zivilisation Amerikas befinden, unbefleckt vom Kontakt mit der siegreichen Zivilisation und voller unermesslicher Schätze der Vergangenheit zwischen ihren Mauern, die tot sind vom Verdruss, nicht mehr zu sein, und dass wir uns hier in einer atemberaubenden Landschaft befinden, die den notwendigen Rahmen abgibt, um den Träumer, der durch die Ruinen dieser Zivilisation streift, ins Schwärmen kommen zu lassen, oder aber den nordamerikanischen Touristen, der mit praktischem Verstand die Musterexemplare des degenerierten Stammes, die er auf seiner Reise sieht, zwischen die einst lebendigen Mauern stellt und nicht weiß, welcher moralische Abstand die von ihren Ahnen trennt, weil das Feinheiten sind, die nur der halbeingeborene Geist eines Südamerikaners zu beurteilen vermag.« Cosme lacht auf.

Dann erzählt er, dass viele Leute aus Cuzco nie

auf Machu Picchu gewesen sind, weil sie sich den Eintritt von zehn Dollar für Peruaner, zwanzig für Ausländer, nicht leisten können. »Früher war es für uns kostenlos«, sagt Cosme, »Leute ab vierzig kennen die Anlage, aber frag mal einen 25-Jährigen in der Stadt.«

Der Zug nach Cuzco verlässt Aguas Calientes um Viertel nach vier. Zurück bleibt, wer im Luxushotel neben den Ruinen oder im Tal übernachtet, Letztere müssen gegen fünf aufbrechen, weil später kein Bus mehr fährt, und selbst um den Fußweg über die Treppenstufen zu nehmen, braucht man einen Rest Tageslicht.

Langsam kehrt Ruhe ein, immer weniger Worte, die über die Anlage wehen. Am Aussichtsturm bringen Fotografen ihre Kameras in Position. Wächter in Regencapes laufen die Wege ab, unterhalten sich auf Quechua und lachen, Lamas grasen auf dem Hauptplatz.

Nur noch die Vögel und der Urubamba. Es nieselt. Die Dämmerung schluckt Kontraste. Eine Wolke kriecht vom Fluss über den Berg, hüllt die Anlage in Nebel, dann mich, so dicht, dass ich die Mauern der Häuser nicht mehr erkennen kann, bis sie sich Minuten später aus dem Dampf lösen. Allein.

Dank ihrer »vergleichsweise sensationellen Kickerqualitäten«, die sie bei einem Fußballspiel in den Ruinen bewiesen, weckten Ernesto und Alberto die Sympathien eines Mannes, der sich als »Besitzer des Balls und Geschäftsführer des Hotels« herausstellte. Er ließ sie zwei Tage lang kostenlos übernachten, »bis mit einem speziellen Schienenbus die nächste Herde Amerikaner käme«. Das Haus, lange Jahre in Staatseigentum, wird seit wenigen Monaten von einer britischen Hotelkette gepachtet. Das Einzelzimmer kostet seitdem 303 Dollar pro Nacht, Doppelzimmer 325, mit Aussichtsbalkon 355 Dollar. Das Frühstück für 15 Dollar geht extra.

Ein wuchtiges Bett mit absichtsvollen Kerben im dunkel gebeizten Kopfteil, ein runder Tisch, zwei Sessel, draußen unter dem Fenster ein Brunnen, davor – damit man den Inka-Kopf über dem Brunnen sehen kann – ein Spiegel. Wenn schon keine Ruinen. Als Wandschmuck ein gerahmter poppiger Stoff mit irgendwie inkahaftem Vogelmuster, im Bad das volle Programm inklusive Machu-Picchu-Wattestäbchen. Als ich von den Ruinen zurückkomme, stehen Kanapees bereit. Um sieben klopft es an der Tür. Ein freundliches Zimmermädchen möchte die Handtücher wechseln.

Am Abend in der Bar der Sanctuary Lodge mixen sie den Machu Picchu Special mit Pisco und Grenadine für sechs Dollar, an den Wänden hängen Schwarzweißfotografien der Ruinen im Wandel der Zeit. Im Restaurant träufeln Lautsprecher Klavier und Barjazz ins Essen. Wo sich früher bei Regen Besucher unterstellen durften, markiert heute eine Glaswand bis an die Regenrinne den Anspruch auf exklusives Terrain.

Eine ergraute Rentnergruppe, dem Akzent nach US-Amerikaner, verabschiedet sich um Viertel nach acht ins Bett. Vor dem Kamin beenden zwei junge Männer, die nach Physikstudenten aussehen, um halb neun ihr stummes Kartenspiel. In der Sitzecke vor der Bar hängt ein deutsches Ehepaar in den Kissen. Der Mann arbeitet in Lima. Sie sagen, sie hätten die Reise im Paket gekauft. »Den vollen Preis zahlt hier doch eh keiner«, sagt der Mann, der mit seinem türkis betuchten Bauch den Raum von Lehne zu Lehne ausfüllt, im Geschäftsmann-aus-Germany-Ton. Seine Partnerin blättert versonnen in einem Reiseführer. »Schon beeindruckend, oder?«

Die Bar schließt um 22 Uhr, leert sich allerdings schon um halb zehn. Kellner dekorieren die Tische auf Frühstück. Guillermo aus Lima arbeitet seit zehn Monaten in der Sanctuary Lodge und wohnt wie die anderen Angestellten in einem Gebäude am Hang, unterhalb des Hotels. Er hat zwei Jahre in Straßburg gelebt. Guillermo sagt, die Leute in Europa hätten es nicht fassen können, wenn er ihnen erzählte, dass er Machu Picchu nicht kennt. »Ich hatte keine Zeit und außerdem war es mir immer zu teuer«, sagt er.

Die meisten Hotelgäste kommen aus Europa oder den USA und buchen die Touren im Paket. »Im Allgemeinen fliegen sie von Lima direkt nach Cuzco, machen dort eine Stadtbesichtigung, sehen sich die Ruinen von Machu Picchu an und fliegen wieder zurück, ohne sich für irgendetwas anderes zu interessieren«, schreibt Ernesto. Manche Dinge ändern sich nicht.

Als ich zurück in mein Zimmer komme, schlägt mir Vanillegeruch entgegen. Auf dem Nachtisch brennt eine Duftlampe, im Bad liegen neue Seife, neue Fläschchen und neue Machu-Picchu-Wattestäbchen. Das Bett ist aufgeschlagen, das Kissen aufgeschüttelt, die Schlafanzughose liegt ordentlich gefaltet auf der Bettkante. Neben Fragebogen und Frühstücksmenü ein kleiner Quechua-Sprachkurs als Lesezeichen und der Hinweis: »Um niemanden unwillentlich zu verärgern, könnte es von Vorteil sein, mit einer Begrüßung auf Spanisch zu beginnen, bevor Sie zu Quechua übergehen.« Bevor der Reisende also seine umfangreichen, in der Sanctuary Lodge über Nacht erworbenen Kenntnisse über die Indianer kübelt, als da wären: Mir ist kalt, mir ist heiß, ich habe Hunger, ich habe Durst, ich bin müde.

Vanillebenebelt sitze ich auf meinem Bett, trinke ein Drei-Dollar-Bier und kratze meine Flohbisse, die aus der Herberge in Cuzco stammen. Das In-Room-Video-Entertainment-Programm bietet oscarprämierte Filme. Wer will, kann »Braveheart« wählen.

Der Morgen beginnt friedlich, mit Vogelgezwitscher und dem Rauschen des Urubamba im Tal. Um sechs Uhr ist der Park noch fast leer, selbst den Inka-

Trailern fehlen noch einige hundert Meter bis zum Ziel. Zwei Touristen vom Hotel stören den Panoramablick durch ihre Anwesenheit am Intiwatana, die anderen stehen um den Aussichtsturm verteilt und halten den Mund. Ein Morgenidyll, leider immer schon überschattet vom Wissen, dass die Ruhe nur von kurzer Dauer sein kann.

Um Viertel vor sieben bricht die Sonne über die Ostkordillere.

Um sieben kommen die ersten Franzosen über den Inka-Trail.

Es beginnt mit rücksichtslosen Fotoformationen. Dann fangen sie an einander zuzurufen. Und zu schreien. Und zu lärmen. Gegen halb acht setzen erste Beschwerden darüber ein, dass so viele andere Leute im Bild herumlaufen. Zwischen neun und zehn erreichen die ersten Busse aus Aguas Calientes den Parkplatz. »Okay, I've got the mountains and the ruins, is that okay?« Just great, dear.

Als der erste Bus am Nachmittag Machu Picchu verlässt und die Straße nach Aguas Calientes hinunterkurvt, taucht hinter jeder Biegung ein kleiner Junge auf. Er trägt einen orangebunten Kittel und ein Regenbogenband, die Fahne von Cuzco, um den Kopf und ruft abwechselnd »Guuuuudbeiiiii« und »Aaaaadioooooos«, mit verzerrtem Gesicht, als hätte er Schmerzen.

Die Touristen im Bus lachen, wenn er es wieder geschafft hat, die Treppen zwischen den Kurven schnell genug hinunterzurennen, um den Bus in der nächsten Biegung abzupassen. Als der Bus im Tal die Brücke über den Urubamba erreicht, hält er kurz an, der Junge steigt ein, stellt sich neben den Fahrersitz und ruft noch einmal. Dann geht er herum und sammelt Münzen ein. Ein spanischer Tourist fragt den Jungen, wie alt er sei. Neun, antwortet das Kind.

Auf dem Berg hatte mir einer der Guides erzählt, dass es den Jungen einige Zeit untersagt war, den

Bussen hinterherzulaufen, nachdem einer beim Rennen gestürzt war und sich den Arm gebrochen hatte. Der Junge läuft mit schweißnassem Gesicht die Reihen ab. Er lächelt nicht, wenn ihn die Touristen loben. Er wirkt nicht stolz, nur müde und erschöpft.

Abancay

Eigentlich gefiel es ihr besser, als sie noch Madre zu ihr sagten, aber dafür ist es jetzt wohl zu spät, sagt Madrecita Anna, der die Leute im Ort mit steigendem Alter das Diminutiv angehängt haben. Seit 26 Jahren lebt die deutsche Schwester aus dem Odenwald in Abancay, kennt jeden Stein, die Erde unter dem Asphalt der Straßen, die damals noch unbefestigt waren, und die meisten Bewohner der Stadt, die so klein ist, dass man Reisende am dritten Tag ihres Aufenthalts fragt, ob sie vorhaben, für immer zu bleiben.

Abancay habe sich verändert, seit der Terror des Sendero Luminoso während der achtziger Jahre die Bauern aus den Bergen in die Täler trieb, sagt Madrecita Anna unterwegs zur Baustelle am Stadtrand, wo eine neue Behindertenwerkstatt ihres Ordens entsteht. Die Bevölkerung wuchs sprunghaft von zwanzigtausend auf vierzigtausend Einwohner. Das Leben sei unsicherer geworden, sagt die Schwester, auch für sie selbst, obwohl man ihr das kaum glauben mag auf dem Beifahrersitz ihres grasgrünen Käfers, Baujahr 1974, mit dem sie bei offenem Fenster wehenden Umhangs über die Hügel brettert. Sie wirkt resolut, eine Wesensart, die sie sich zu bewahren scheint, indem sie das sie umgebende Chaos verinnerlicht und gelernt hat, mehrere Dinge gleichzeitig zu tun.

Einige der Menschen in Abancay hat Madrecita Anna im Arm gehalten, bevor sie auf eigenen Beinen stehen konnten, im Waisenheim ihres Ordens, wo Kinder landen, die nach einer Behandlung nicht aus dem Krankenhaus abgeholt werden, weil die Eltern fürchten, die Rechnung nicht bezahlen zu können.

Kinder, die von ihren verwitweten Vätern an Tischbeine gebunden wurden, weil die Männer niemanden hatten, der auf sie aufpasste, während sie selbst auf dem Feld arbeiteten.

Im Parque Centenario, der Parque del Amor heißt, seit der letzte Bürgermeister ein paar Statuen errichtet hat, die einander umarmen und Allegorien auf die vier Jahreszeiten bilden, hat jemand dem Sommer eine Narbe in die Brust geschlagen. Der Obstverkäufer mit vorgeschnalltem Megafon dreht Kreise um ein kleines Karussell, junge Mädchen in Jeansschlaghosen laufen über den Platz, vorbei an blassblauen Säulen, von denen sich alte Wahlplakate schälen. Neben dem Schuhputzer sitzt eine Frau auf dem Boden und brät Fleischspießchen.

Die Tourismuslawine aus Cuzco hat Abancay nicht erreicht, noch nicht. Ein Teller *Sopa criolla* kostet zwei Soles, hinter den Theken der Ladengeschäfte stehen Bedienungen, Pfarrer sprechen Fremde auf der Straße an und verwickeln sie in Gespräche, Taxifahrer verfolgen hupend und lachend ihre ausländischen Fahrgäste, nur die Internetcafés an der Plaza de Armas verankern den Ort in einer anderen Gegenwart. In einer Seitenstraße verkauft ein Händler Schwarzweißposter eines Mannes, den niemand kannte, als er vor fünfzig Jahren durch die Gassen von Abancay lief.

Während unserer kurzen Unterhaltung schert Jaime zwei Jungen den gleichen Haarschnitt, vier Soles pro Kopf. Er setzt den Langhaarschneider hinten an, rechts, links, wirbelt mit der Schere übers Haupthaar. Dann bürstet Jaime sie ab, die Stoppeln fallen auf schwarzes Haar, das in Flocken am Boden liegt. Die Jungen verlassen den Salon mit einem hellen Streifen im Nacken.

Jaime ist 25 Jahre alt. Er lacht, als ihn frage, warum er seinen Salon »Peluquería El Che« genannt habe, spricht von einer Leidenschaft, die er nicht weiter ausführen kann oder will, und sagt, da sei halt mal so ein Dokumentarfilm im Fernsehen gelaufen. Na ja, und Che habe ihn eben beeindruckt, »weil er ein Kämpfer war und sich durchgesetzt hat«. Im Hintergrund plärrt ein Radio. Jaime sagt, er wolle noch ein Poster von ihm im Salon aufhängen, das er zu Hause hat. Er wusste nicht, dass Che in Abancay war. Die Werbefotos an den Wänden zeigen Menschen mit weißen Gesichtern und blondem Haar.

Lima

Miraflores ist der Stadtteil derjenigen, die es sich leisten können, die Fiktion eines anderen, sicheren Lima zu leben. Inzwischen wenigstens funktioniert das wieder. Während der achtziger und neunziger Jahre bombten die Guerilleros des Sendero Luminoso die Viertel gleich. Heute: spiegelndes Glas, blühende Vorgärten, gepflegte Rasenflächen, hier, wo selbst die Sonne sauberer zu scheinen scheint als anderswo.

José fährt Taxi, auch die 28 de Julio runter, wenn es sein muss. Er sagt, er habe früher mal als Leibwächter gearbeitet, deshalb wirke er vielleicht manchmal unaufmerksam, obwohl er nur im Rückspiegel auf mögliche Verfolger achte. So eine Angewohnheit. José mag Filme mit Jean-Claude van Damme und Bruce Willis. Wenn er am Ende einer Fahrt sagen soll, wie viel es kostet, fängt er verlegen an zu lachen. Er sagt dann, dass er mir nicht sagen kann, wie viel es kostet, sieht aus dem Fenster, fängt an, über das Wetter zu reden, bis ich ihn ermahne, endlich den Preis zu nennen, woraufhin er wieder anfängt zu lachen, tief Luft holt, die Hände ringt und – Himmeljosésagjetztendlichwaseskostet – sagt, dass er es einfach so nicht sagen kann. Manchmal erzählt er von seinen beiden Kindern, die Schulbücher und Uniformen brauchen.

Die Jungs kamen über Ayacucho nach Lima, ich nehme die weniger kurvige Strecke über Nasca, weil es heißt, dass die streikende Bevölkerung Andahuaylas' Busse auf dem Weg nach Ayacucho mit Steinen angreift. In der Hauptstadt übernachteten Ernesto und Alberto in einem Lepra-Krankenhaus. Die Patienten sammelten Geld für die beiden jungen Ärzte, bevor sie nach Amazonien aufbrachen.

Sie müssen müde und erschöpft gewesen sein, auf den letzten Kilometern ihrer Reise. Mit der Abreise aus Cuzco verlieren Ernestos Aufzeichnungen deutlich an Umfang, Elan und Lebendigkeit. Vermutlich konnte er beim Schreiben der »Notas de Viaje« in Buenos Aires nur auf wenige Reisenotizen zurückgreifen. Alberto verfasste seinen Bericht »Mit Che durch Südamerika« erst Jahre später.

Ernestos eigentliches Tagebuch, auf dem die »Notas« basieren, ist verschollen. »Die Technik, seine Aufzeichnungen zu Büchern auszuarbeiten, hat er auch später angewendet, bei den ›Pasajes de la Guerra Revolucionaria en Cuba‹ zum Beispiel«, sagt María del Carmen Ariet, Historikerin des Centro de Estudios Che Guevara in Havanna. »Insofern sind die ›Notas de Viaje‹ ein wichtiges Werk, aber sie sind kein Tagebuch.«

Seine Koffer mit Büchern und Papieren blieben in Mexiko zurück, als Che sich den kubanischen Guerilleros anschloss. 1959 ließ er sich die Unterlagen nach Havanna nachschicken, ob sie vollständig ankamen, ist allerdings ungewiss. »Er hat diesem Material keine Bedeutung beigemessen«, sagt María del Carmen, »zu Aleida muss er irgendwann mal gesagt haben: Wirf das Zeug einfach weg. Zum Glück hat sie es nicht getan.«

Die Historikerin sichtete die Papiere zum ersten Mal 1982, als Ches Witwe Aleida March mit dem Aufbau des »Archivo Personal« begann, das seine Aktivitäten inzwischen auf die wissenschaftliche Forschung ausgedehnt hat. »Es waren lose Blätter in einer Mappe, ohne Daten. Die Reihenfolge haben wir anhand des Reiseverlaufs nachvollzogen. Es kann sein, dass Kapitel verloren gegangen sind, insbesondere am Schluss.« Um die Lücken zu schließen, sind dem Anhang Briefe an die Eltern beigefügt. Die Transkription der handschriftlichen Passagen sei schwierig gewesen, sagt María del Carmen, »und wenn Aleida nicht gewesen wäre, hätten wir vieles nicht entziffern können«. 1993 erschienen die »Notas de Viaje« erstmals in Kuba.

Für die geringe Verbreitung der »Notas de Viaje« in Lateinamerika macht die Historikerin den ausländischen Verlag verantwortlich, an den das Archiv bis zum Jahr 2003 vertraglich gebunden ist. »Dann sind wir unabhängig«, sagt sie, »und das ist für uns sehr, sehr wichtig, weil es uns nicht darum geht, damit Geld zu verdienen, sondern weil wir wollen, dass die Bücher von Che in Lateinamerika gelesen werden.«

Von der Station in Lima erwähnt Ernesto kaum mehr als den Besuch verschiedener Kirchen und Museen, immer wieder flankiert von Lektürestunden in den Lesesälen der Stadt.

Museumsgeschichte entsteht in diesen Tagen in Puruchuco, auf grauen staubigen Hügeln im Osten Limas. Ich fahre mit José zur Siedlung Tupac Amaru, in die Randbezirke der peruanischen Hauptstadt. In seiner Titelgeschichte berichtet der *National Geographic* im Mai über die Rettung der Reste eines Inka-Friedhofs, auf dem die Bewohner der Siedlung seit Jahren lebten.

Brauner Staub bedeckt die Blätter grün gemeinter Pflanzen, die auf dem Mittelstreifen der Hauptstraße verkümmern, aufgewirbelt von Motorradtaxis, die über die trockene Erde holpern. Die wenigsten der zehntausend Einwohner besitzen ein eigenes Auto. Vor den unverputzten Häuserfassaden stehen blaue Plastikfässer am Straßenrand. Es gibt kein fließendes Wasser in Tupac Amaru. Tanklaster versorgen die Siedlung und berechnen 1,20 Soles pro Kanisterfüllung, mit der eine mehrköpfige Familie nicht über den Tag kommt.

Ein Hausmeister tritt aus dem Schatten des Schulgebäudes. »Es gibt hier nichts zu sehen«, sagt er und deutet mit einem Schulterzucken auf die geschlossene Bodendecke des Schulhofs, wo bis vor zwei Jahren Archäologen mit Pinseln in vier Meter tiefen Gruben saßen, Knochen, Keramiken und *Fardos funerarios* freilegten, Grabbündel, die aussehen wie Kokons, in denen die Inka meist mehrere Leichname zusammen bestatteten. 1600 *Fardos* wurden bisher unter Tupac Amaru gefunden. Der leitende Archäologe, Guillermo Cock, geht davon aus, dass sich noch zwanzig Prozent des Friedhofs unter der Erde befinden, im Wüstenboden, der die Mumien mehr als fünfhundert Jahre lang konservierte, bis die Siedler kamen. Und mit ihnen die Abwässer.

»Die Entstehungsgeschichte von Tupac Amaru ist in Peru nichts Ungewöhnliches«, schreibt Cock im *National Geographic*. »Das Gebiet wurde 1989 von 340 Familien besiedelt, die auf der Flucht vor der Guerilla aus den Bergen kamen, angezogen von Grundstückshändlern, im Glauben, man werde ihnen bald die Eigentumsrechte überschreiben.« Die Darstellung seiner Assistentin Elena Goicochea im archäologischen Labor in Lima klingt dramatischer. Ihr zufolge lieferten sich Polizei und Siedler monatelang Kämpfe, während derer sich die Landbesetzer in die Berge zurückzogen und ihren Angreifern brennende Autoreifen entgegenrollten.

Yoel Luyo Lévano von der Siedlungsverwaltung Tupac Amarus weicht Fragen nach der Herkunft der Bewohner aus. Die meisten, sagt er, seien wie er damals in die Hauptstadt gekommen, um Arbeit zu suchen. Es ist unwahrscheinlich, dass eine Gruppe von Guerilla-Flüchtlingen ihrem Refugium ausgerechnet den Namen eines Inka-Prinzen gibt, nach dem sich auch die seinerzeit zweitgrößte Rebellenarmee des Landes benannte, das »Movimiento Revolucionario Tupac Amaru«. Bergab, im angrenzenden Dorf, servieren Mädchen in der Bar Lenin nahe einer fliegenumkämpften Müllhalde das Mittagessen. Die Slums im Umland Limas galten während der achtziger Jahre als eines der wichtigsten Rekrutierungsgebiete für die maoistische Guerilla.

Unklar ist, ob die Siedler wussten, dass sie eine archäologische Zone besetzten, als sie vor dreizehn Jahren das Land nahmen, allerdings spielt das auch keine Rolle, jenseits juristischer Implikationen. Niemand kann Menschen, die der Hunger in die Städte treibt, verdenken, dass sie das Überleben ihrer Familie über die Gebeine ihrer Vorväter stellen. »Die ganzen Investitionen, Opfer, Tränen – wenn die Behörden wussten, dass es hier Mumien gibt, hätten sie uns doch darauf hinweisen müssen.« Luyo sagt, er wisse von Unternehmen, die archäologische Zonen einfach auf eigene Faust urbanisiert haben, »und die offiziellen Stellen haben beide Augen zugedrückt«.

Etwa vierzig Prozent des heutigen Stadtgebiets von Lima gehen auf ursprünglich illegale Siedlerinvasionen zurück. Hundertfünfzig bis zweihundert dieser *Pueblos jovenes* wachsen auf Gebieten, die nationales Kulturerbe bergen. Obwohl Grundstücke in Tupac Amaru mittlerweile für bis zu sechstausend Dollar gehandelt werden, erwerben die Käufer damit keine Eigentumstitel. Mehr als die Hälfte aller peruanischen Immobilien sind in keinem Grundbuch eingetragen.

Um den Bodenbesitz zu legalisieren, gründete die Regierung Fujimori mit einem Weltbankkredit die Comisión para la formalisación de la propiedad (Cofopri). Eine Sonderkommission widmet sich in Zusammenarbeit mit dem Instituto Nacional de Cultura (INC) dem Problem der illegalen Siedlungen auf archäologischem Gebiet. Das Programm sieht vor, dass die Böden systematisch von Archäologen untersucht werden, die anschließend eine Empfehlung an die Kommission abgeben. Als Guillermo Cock 1999 in Tupac Amaru auf die Inka-Mumien stieß, alarmierte er die Behörde: Graben und retten, sofort.

Die Kosten für die Ausgrabungen, 359.000 Soles, hatten die Bewohner von Tupac Amaru zu tragen, 315 Soles pro Siedler. »Das INC meinte, sie könnten die Arbeiten nicht finanzieren«, sagt Luyo. »Wenn wir nicht bezahlt hätten, hätten wir nie eine Erlaubnis für die Installation von Strom- und Wasserleitungen bekommen, die Eigentumstitel für unsere Grundstücke, also haben wir bezahlt.« In Raten, auf vier, acht, zehn Quoten verteilt. Wer Zahlungen schuldig blieb, bekam Besuch von der Siedlungsleitung, die einen Teil der kümmerlichen Möblierung beschlagnahmte, als Garantie. Viele Menschen in Tupac Amaru sind arbeitslos und haben kaum genug Geld, um das Wasser aus der Zisterne zu bezahlen. Doch der Vorgang wird sich wiederholen. Dort, wo andere Siedler auf Licht, Strom und fließendes Wasser warten.

Am Sonntag, im Büro des Busunternehmens, beklagt eine dicke Frau mit bandagiertem Bein, dass die Busfahrer in letzter Zeit zu viel arbeiten, zu wenig schlafen und sich dann betrunken ans Steuer setzen. Sie erzählt von einem Unfall, den sie auf der Fahrt von Pucallpa nach Lima gesehen hat, von Eingeweiden auf der Landstraße. Hinter ihrem Rücken verkaufen fliegende Händler Kaugummis, Lutscher und Taschenlampen. Sie sagt, die Straßen seien auf dem Weg nach Amazonien schlecht und würden immer schlechter, so dass es eigentlich nur eine Frage von Tagen sein könne, bis die nächste wegrutscht.

Pucallpa

Als wir Pucallpa am Abend erreichen, scheint Lima ferner als drei Klimazonen, 812 Kilometer und 24 Stunden Busfahrt. Maßlose Hitze tränkt die feuchte Luft. Morgens übergeben penetrant summende Moskitos an Motorradtaxis, die durch die Straßen lärmen, über weichen Asphalt und Grün, das aus allen Ritzen bricht.

Im Hotel frage ich José an der Rezeption nach dem Weg zum Hafen. »Zieh das Armband aus, wenn du gehst«, sagt er, »und lass deinen Rucksack da.« Dann bietet er an, mich am nächsten Morgen zu begleiten.

Wenn es regnet und die Besitzer Planen über ihre Motorradtaxis hängen, sehen sie aus wie fahrende Duschhauben. Wir steigen am Ende einer Lkw-Schlange aus, die sich auf der Straße zum Hafen staut. Unter dem Vordach einer Holzhütte stehen Männer, rauchen und starren in aufgewühlte Pfützen. Einer von ihnen sagt, er glaube, die Tuky werde heute auslaufen, vielleicht aber auch erst morgen, je nachdem wann der Regen aufhört. Für Schiffe, die nach Iquitos fahren, sind die Güter wichtig, die sie transportieren, nicht die Passagiere.

José drückt mir seinen Schirm in die Hand und läuft voraus, die Schlammpiste entlang zum Wasser. Der Kapitän der Tuky bezweifelt, dass es die Lkws heute durch den Matsch bis ans Schiff schaffen. Morgen, wahrscheinlich. Zurück im Zentrum berät mich José beim Hängemattenkauf. Das Modell ist hässlich und blau kariert, aber José sagt, es sei das beste, weil die Moskitos nicht durch den Stoff stechen können. Wir gehen frühstücken.

José erzählt, er habe drei Jobs, einem davon opfere er gerade eine Stunde. Als ich ihm Geld anbiete, weil ich denke, dass er es aus diesem Grund erwähnt haben könnte, lehnt José ab. Bevor er geht, lehnt er seinen Regenschirm an meinen Stuhl und mahnt mit väterlicher Strenge, die ihm hilft, seine Verlegenheit zu überspielen, ihn – verdammt noch mal – auch zu benutzen. Morgen will er einen Kräutersud mitbringen, den er selbst zubereitet. Gegen den Husten.

Im Hotel rät mir Poolwächter Paul für die Tage an Bord: ernst sein, sich Respekt verschaffen und Verbündete suchen. Er wirkt erleichtert, als er am nächsten Morgen vom Hafen kommt und sagt, er habe zwei Gringos gesehen, vielleicht könnten wir Freundschaft schließen. Die Tuky sei fast voll geladen und werde gegen Mittag ablegen. »Um zwei«, sagt der Kapitän am Hafen. »Hoy sín falta«, heute auf jeden Fall, steht auf einem Schild, aber das hing schon gestern.

Während wir auf die Abfahrt des Schiffs warten, erzählt mir Paul von den Mythen um die *Bufeos*, die Ernesto in seinem Tagebuch erwähnt: »Ein Fisch, der der Legende nach Menschen frisst, Frauen vergewaltigt und tausenderlei ähnliche Gräuel begeht.« Das Geschlechtsorgan der rosa Flussdelfine, das dem weiblichen offenbar ähnlich ist, wird »von den Indios als Ersatz benutzt. Sie müssen das Tier allerdings nach dem Koitus töten, da es dabei zu einer Kontraktion der Geschlechtsorgane kommt, die es unmöglich macht, den Penis wieder herauszuholen.« Ansonsten berichtet Ernesto wenig über die Tage in Pucallpa. Die Jungs waren mit dem Versuch beschäftigt, irgendwoher Schiffspassagen nach Iquitos zu schnorren.

»Der Fisch kann sich in einen Mann oder eine Frau verwandeln, das ist nachgewiesen worden.« Paul senkt seine weiche Stimme. »Er produziert ein Öl, das dafür sorgt, dass man die Kontrolle verliert.

Menschen fühlen sich sexuell angezogen von der Person, die sie damit eingerieben hat.« Auch das, sagt Paul, sei nachgewiesen worden.

Frauen, die menstruieren und am späten Nachmittag zwischen fünf und sechs allein im Fluss baden, erscheine der Fisch als eleganter Herr. »Sie wissen, was du denkst«, raunt Paul, »also wissen sie auch, welche Art von Mann dem Mädchen gefällt. Sie kommen näher, sprechen mit dem Mädchen und überreden es dazu, mit ihnen spazieren zu gehen. Die Mädchen werden nie wieder gesehen.« Paul sagt, eine Bekannte von ihm sei auf diese Weise verschwunden.

Die sodomitische Fußnote möchte er nicht bestätigen, hält die anschließende Tötung allerdings für konsequent. »Das muss sein«, sagt er, »der Delfin würde es sonst hinterher seinen Eltern erzählen«. Und wenn *Bufeos* merken, dass ein Mensch ihnen Böses will, versuchen sie, ihn in den Wahnsinn zu treiben.

Als wir den Hafen von Pucallpa verlassen, ist es dunkel. An den Metallhaken auf dem Unterdeck baumeln mehr als hundert Hängematten, ein Teil der Gringos verbündet sich.

Amazonas

William, jenseits der sechzig, schläft in seiner Kabine mit einer 17-jährigen Peruanerin, die ihn hasst. An Bord kursiert das Gerücht, der kanadische Millionär habe der Mutter des Mädchens dreitausend Dollar bezahlt, um sie mitnehmen zu dürfen. Reisenden, die ihn verstehen, drängt William Geschichten über sein Leben auf. Er ist rot im Gesicht, an den Armen und auf dem faltigen Dreieck, das sein zu enges, transparent geschwitztes weißes Hemd auf der Brust frei lässt. William hat Freddy ein Foto geschenkt, auf dem er von hinten zu sehen ist. Sein Gesicht steckt zwischen den gespreizten Beinen einer Stripperin.

Freddy, Williams Guide, ist 25 Jahre alt, hat zwei Jahre in den USA gelebt und schulterlanges Haar. Man kann hören, wie gerne er Englisch spricht, und meistens hört man ihn irgendwo »Fuck« rufen. Freddy arbeitet seit zehn Jahren als Guide. Wenn er von William spricht, sagt er »my client«. Später wird das Mädchen in Iquitos mit einem Matrosen der Tuky durchbrennen und Freddy wird sich Sorgen machen, weil er fürchtet, der kanadische Millionär werde nicht bezahlen wollen.

Ein gepierctes Schweizer Pärchen hängt separat unter Deck. Beide lästern über William und das Mädchen, beide lassen sich von William aushalten. Enrique, ein freundlicher junger Mann aus der französischen Schweiz, liegt die meiste Zeit still in seiner Hängematte und liest Castaneda.

Hamish hat das Schiff mit Kakishorts, aufgeknöpftem Hemd und Lederschlapphut betreten. Nach 15 Minuten an Bord wird seine Kamera geklaut. Er spricht zehn Worte Spanisch. Hamish arbeitet auf der Rinderfarm seiner Eltern in Australien.

Die Hälfte des Jahres reist er, wohin auch immer. Sein Gras teilt er offen und reichlich, mixt höllische Cocktails mit Alkohol, den er bei Landgängen organisiert, und küsst am letzten Abend auf der Tuky den Koch, bevor er sich in seiner Hängematte übergibt.

Erez wird bald nach Jerusalem zurückkehren. Viele junge Israelis verbringen nach dem Militärdienst ein Jahr im Ausland. Erez liebt Hamish, das heißt, vielleicht liebt er auch nur Hamishs Marihuana. Wenn er abends in der Hängematte sitzt, lächelnd auf die Tüte wartet und Moskitos totschlägt, sagt er, das sei das wahre Südamerika. Er will BWL studieren, vielleicht. Nati hat Erez in Cuzco kennen gelernt. Der 22-Jährige war bei einer Sondereinheit der israelischen Armee im Einsatz. Als ich ihn frage, ob er Menschen getötet habe, sieht er mich lange an. Dann sagt er: »Nächste Frage.« Er habe seine Eltern und Freunde beschützen wollen. Die beiden Jungs haben nachts Albträume vom Larinam, das sie zur Malariaprophylaxe schlucken. Nati träumt vom Militär.

Es gibt zwei Duschkabinen, die über Waschbecken verfügen, aus denen kein Wasser kommt. Käme welches, wäre das Wasser braun, direkt aus dem Ucayali, der auch aus den Rohren unter der Decke spritzt. Von zwei Toiletten lässt sich eine nicht abschließen, die andere geht nicht mehr auf, wenn man sie geschlossen hat, weil sich der Griff von innen löst. Beide beginnen am zweiten Tag zu stinken.

Wir verbringen die Tage auf dem Oberdeck, wechseln je nach Flusslauf von einer auf die andere Seite in den Schatten. Der dünne grüne Streifen am Ufer wirkt harmlos, bis sich das Schiff nähert. Dann beginnen die Bäume zu wachsen, Blumen blühen an den Stämmen, undurchdringliches Grün, in schwarzem Unterholz verdichtet, Regenwald auf der spiegelglatten Oberfläche des Flusses. Süßwasserdelfine strecken ihre rosagrauen Rücken aus dem Wasser, der Rest der Fauna kommt an Bord, mit oder ohne Käfig: ein Papagei mit gestutzten Flügeln, der sich streicheln lässt und seinen Besitzern auf die Taschen scheißt, die ihn im nächsten Hafen für hundert Dollar verkaufen wollen, ein schwarzes Küken, das todesmutig zwischen den Füßen der Passagiere herumhüpft, ein Pippi-Langstrumpf-Affe, der im Schutz der Dunkelheit nach Keksen sucht, auf der Ladefläche Kühe und ein Schwein, das unter einem Traktor liegt und schmollt. Zwei Lampen in der Raummitte versammeln nachts Moskitos und anderes geflügeltes Getier.

Ernesto wurde unterwegs von Asthmaanfällen geschüttelt. Die Jungs vertrieben sich die Tage mit Kartenspielen, Schlafen, Moskitojagden und der Bekanntschaft, »die wir mit einem, wie es aussah, recht leichten Mädchen machten«. Obwohl sie ausgehandelt hatten erster Klasse zu fahren und nur für die dritte zu bezahlen, schien Ernesto die Wahl an Bord zu bereuen: »Wir passten mit unserem Charakter viel besser zu den einfachen Matrosen als zu dieser kleinen Mittelklasse, die, ob reich oder nicht, noch viel zu nah an dem ist, was sie einmal war, als dass sie sich den Luxus leisten könnte, zu zwei bedürftigen Reisenden aufzuschauen.« Vielleicht war es einfach nur eine Mischung aus mangelnder Beachtung und Verschlossenheit der peruanischen Passagiere, die den Jungs missfiel. Das Gefälle zwischen Einheimischen und Reisenden ist steil auf den Schiffen, die den Ucayali befahren, mögen die Touristen auch noch so schlammige Schuhe tragen und Aufgeschlossenheit demonstrieren. Gespräche kommen selten zustande, bestenfalls ist der Umgang von freundlicher Distanz geprägt.

Am Morgen des letzten Tages gefällt es dem Kapitän, zwei große Lautsprecherboxen an Deck zu installieren und den Regenwald mit Techno und Latin-Pop zu beschallen. Einheimische treten ans Ufer, betrachten neugierig das Schiff, das mit tanzenden Gringos auf dem Dach der Kapitänskajüte vorbeizieht. Ein älterer peruanischer Passagier fotografiert Hamish, der mit ausgestellter Hand am Hintern einen Hühnertanz kreiert.

Abendlicht färbt die Wolken tintenblau. Noch bevor die rosarote Sonnenuntergangsspritze anfängt zu wirken, steht fest, dass wir die Tuky kapern und zur haltlosen Weiterfahrt nach Manaus zwingen müssen.

Iquitos

»Ein energisches Schütteln Albertos weckt mich (…). Der breiter gewordene Fluss zeigt vor uns eine flache Stadt mit einigen etwas höheren Gebäuden, umgeben vom Urwald und gefärbt vom roten Erdboden.« In der Nacht ist der Ucayali mit dem Marañon zusammengeflossen, vor dem Fenster liegt am Morgen der Amazonas, der allerdings genauso aussieht, ein bisschen breiter vielleicht, aber nicht viel. Wir lassen die Reste unserer Lebensmittelvorräte an Bord zurück, die Einheimische anschließend auf Brauchbares untersuchen werden, und klettern nach dreieinhalb Tagen auf der Tuky über Fässer und Stege ans Ufer.

Iquitos ist ein Ziel von Reisenden, die sich weit weg fühlen wollen, so abgeschnitten wie im 21. Jahrhundert irgend möglich, an einem Ort, der nur aus der Luft oder per Schiff erreichbar ist. Du läufst durch die Straßen dieser Stadt, die wie eine Fata Morgana aus dem Regenwald steigt, durch den Regen, der kaum den Boden kühlt. Du denkst darüber nach, was wäre, wenn du hier untertauchen würdest, wie lange es dauern könnte, bis sie dich finden, und wenn diese Vorstellung länger als eine Woche ihre hypnotisierende Faszination auf dich ausübt, wird es schwierig.

Das Haus Sweeney Fitzgeralds, des berühmtesten Mannes von Iquitos, steht an der Uferpromenade, wo heute Touristen in einem Lokal unter dem irren Blick Klaus Kinskis speisen. 1982 verfilmte Werner Herzog in Iquitos die Geschichte des irischen Kautschukbarons, der mitten im Urwald ein Opernhaus errichten wollte, um dort sein Idol Caruso auftreten zu lassen. Es heißt, peruanische Mitglieder des Filmteams hätten Herzog gegen Ende der Dreharbeiten angeboten Kinski umzubringen, ohne dafür Geld zu verlangen.

Auf der Uferpromenade vor dem Fitzcarraldo streifen Jungen mit Bauchläden durch die flanierende Menge. Schuhe putzen? Zigaretten? Kaugummis? Wenn alles nichts hilft, senken sie die Stimme, öffnen die Hand und sagen: »Amigo, por favor«, führen ihre Fingerspitzen zum Mund, folgen den Fremden, Häuserblöcke weit. Menschen, die länger in Iquitos bleiben, lassen sich im Fitzcarraldo ihre Essensreste einpacken. Die Jungen nehmen die Plastiktüten noch im Türrahmen in Empfang.

An einem Abend sitzt der Kleinste von ihnen, der nicht der Jüngste ist, auf dem Pflaster und weint. Ich frage ihn, was passiert sei. Er will nicht reden, verbirgt sein Gesicht zwischen den Knien. Sein Freund sagt, einer der anderen Jungen habe ihm gerade zehn Soles geklaut. Wir nehmen ihn mit zum Essen. Zuerst folgt er unwillig, mit gesenktem Kopf, zwei seiner Freunde schließen sich an, dann vier, fünf, und in der kleinen Prozession, die auf der Suche nach Hamburgern durch die dunklen Straßen von Iquitos läuft, beginnt er irgendwann wieder zu lächeln. Er sagt, er habe dreizehn Geschwister.

Seit diesem Abend sind die Jungen mit den Bauchläden unsere Freunde. Manchmal erzählen sie von kranken Müttern und bitten um Geld für Medizin, manchmal von Vätern, die seit einem Unfall nicht mehr arbeiten können. Ob die Geschichten wahr sind oder nicht spielt keine Rolle. Und natürlich sind wir nicht ihre Freunde.

Manche Leute sagen, es sei falsch diesen Kindern Geld zu geben, weil das Betteln Familienstrukturen zerstöre und den Eltern beweise, dass sie mehr verdienen, wenn sie ihre Kinder auf die Straße statt in die Schule schicken, mehr als ihnen selbst jeder Arbeitgeber in der Region bezahlen würde. Viele der

Jungen werden von ihren Eltern geschlagen, wenn sie am Morgen ohne Geld nach Hause kommen. Manche Leute sagen, wer ihnen Geld gibt, hält sie in einem Teufelskreis gefangen. Vielleicht stimmt das, vielleicht aber auch nicht. Fest steht, dass der kleinste der Jungen, der nicht der jüngste ist, an diesem Morgen nicht geschlagen wird und keinen Hunger hat, als er nach Hause geht.

Ernesto und Alberto machten sich an Bord der Cisne auf den Weg zur Leprakolonie von San Pablo, stromabwärts Richtung Kolumbien, mit einem Boot, von dem Alberto schreibt, es sei geeignet für vier gewesen. Sie fuhren zu sechzehnt.

Unser Motorboot verlässt den Hafen von Iquitos am Morgen um 5.30 Uhr. Die Fahrt nach Leticia dauert einen Tag. Ein Aufenthalt im Leprosorium von San Pablo wäre riskant: Pro Tag verkehrt nur ein einziges Schiff auf der Strecke und selten wollen Passagiere ausgerechnet in der früheren Leprakolonie am Amazonas aussteigen. Wer San Pablo wieder verlassen will, ist allerdings darauf angewiesen, weil die Schiffe voll besetzt in Iquitos losfahren und Mobilitätsbedürftige im Zweifelsfall am Ufer stehen lassen, wenn kein Platz frei ist.

Es ist Sonntag. In einer Woche wählt Kolumbien einen neuen Präsidenten. Mir bleiben sieben Tage, um 1617 Kilometer von Iquitos nach Bogotá hinter mich zu bringen, 532 auf dem Amazonas und 1085 in der Luft. Das Risiko, den Wahlausgang in einem Fernmeldebüro in San Pablo verfolgen zu müssen, ist zu groß.

Der einzige Fahrgast, dem schon im Morgengrauen auf dem Steg ein Lächeln über die Lippen gekommen war, trägt eine rote Kappe mit der Aufschrift »Cruz Roja Alemana«. Er hält mir einen Platz neben sich in der ersten Reihe frei – mit dem Maximum dessen, was an Bord an Beinfreiheit zu haben ist. Nachdem wir unser Gepäck auf wundersame

Weise verstaut haben, frage ich ihn, seit wann er für das Deutsche Rote Kreuz arbeitet.

»Seit März.«

»Und wo?«

»Im Leprosorium von San Pablo.«

Die Jungs verbrachten knapp zwei Wochen bei den Leprakranken von San Pablo, spielten gemeinsam mit ihnen Fußball, begleiteten die Ärzte bei ihren Krankenvisiten, besuchten *Indígena*-Gemeinschaften, die sie zur Affenjagd mitnahmen, angelten und gingen im Fluss baden. Ernesto durchquerte sogar, allen Warnungen zum Trotz, innerhalb von zwei Stunden schwimmend den Amazonas. In seinem Tagebuch beziffert er die Zahl der Patienten mit sechshundert, »die in ihren typischen Urwaldhäuschen leben, sie sind unabhängig, tun, wozu sie Lust haben, und gehen ungehindert ihrem Berufe nach, in einer Organisationsform, die von selbst ihren Rhythmus und ihre eigenen Charakteristika gefunden hat«. Schockiert waren beide über die schlechte technische Ausstattung: »Es fehlt dort an den einfachsten Dingen wie einer ganztägigen Stromversorgung.«

Am 14. Juni 1952 feierten die Jungs mit Kranken und Ärzten Ernestos 24. Geburtstag. Das Floß, das sie sich in San Pablo unter fachkundiger Anleitung aus zwölf Baumstämmen und Lianen bauten, tauften sie auf den Namen Mambo Tango und trieben damit bis nach Leticia.

»Heute leben noch etwa achtzig Menschen in der Casa San José in San Pablo«, sagt José Antonio Barrenechea vom Deutschen Roten Kreuz auf dem Weg zur früheren Leprakolonie, die zu einem kleinen Dorf gewachsen ist. »Sie sind alle geheilt, viele der ehemaligen Patienten leben auch in eigenen Häusern.« Vier Schwestern leiten das Zentrum, das vom Roten Kreuz renoviert wird, und kümmern sich um seine Bewohner. Die meisten, sagt José Antonio, sind zwischen siebzig und achtzig Jahre alt. »Sie bleiben, weil sie nicht wissen, wohin sie sonst gehen sollen. Ihre Familien haben sie vergessen. Sie führen ein trauriges Leben, weil sie niemanden mehr haben, das ist die Geschichte von vielen dieser Leute.«

Als wir in San Pablo anlegen, spricht José Antonio mit dem Bootsführer und bittet ihn, zehn Minuten auf mich zu warten. Den Männern, die ihn am Steg erwarten, sagt er, sie sollen schnell vorauslaufen und unseren Besuch ankündigen. Dann rennt er vor mir her über die bebenden Balken des Stegs, im Laufschritt durch die erdigen Gassen des Dorfes Richtung Hügel, zur Casa San José. An der Wand neben dem Eingang zum Aufenthaltsraum hängt ein Schild: »Es ist verboten, die Bewohner zu fotografieren. Vielen Dank.« José Antonio versammelt Freiwillige vor dem Haus zu einem Gruppenporträt.

Ich sollte bleiben. Zehn Minuten lassen keine Zeit für Gespräche, der kurze Aufenthalt reicht gerade, um einen Blick auf das Gebäude zu werfen und zufällige Fragen zu stellen.

»Ich bin seit zwei Jahren in der Casa San José, *Señorita*«, sagt ein älterer Herr in Unterhemd, der auf Krücken gestützt aus dem hellgrünen Haus humpelt. Sein Unterschenkel ist vor acht Monaten amputiert worden. »Ich warte auf die Prothese, *Señorita*.« Sein Name ist Juan Gonzales Flores. Er sagt, er lebe seit 1942 in San Pablo. Ich frage ihn, ob er sich an den Besuch von zwei jungen argentinischen Ärzten vor fünfzig Jahren erinnere, an Ernesto Che Guevara. »Jaja, *Señorita*, ich hab ihn hier gesehen. Und ich habe deutsche Familienangehörige. Ich habe auch dem Präsidenten vom Deutschen Roten Kreuz einen Brief geschrieben.« José Antonio sagt, ich könne jetzt das Foto machen.

Die Bewohner der Casa San José haben sich vor dem Haus aufgestellt. Eine Frau in hellblauem Schürzenkleid und Turnschuhen stützt sich mit ihrem fingerlosen linken Handballen auf die rechte

Schulter eines Mannes, der Gummistiefel trägt und gebeugt steht, als sei seinen Beinen die Last seines Körpers zu schwer. Links von ihm lehnt ein Blinder auf Krücken. Dem Mann im Rollstuhl, dessen rechter Oberschenkel unterhalb des Knies in ein schwarze Plastikschienbein übergeht, fehlen an beiden Händen Glieder.

Die Bewohner der Casa San José blicken geradeaus auf den Fluss, auf dem sie vor Jahren nach San Pablo gekommen sind. Als ich gehe, sagen sie: »Danke schön, *Señorita*, Gott beschütze sie.« Ich weiß, dass ich bleiben sollte.

Die Lichter von Santa Rosa, dem peruanischen Hafen gegenüber der kolumbianischen Grenze, scheinen unwirklich, als wir das Dorf am Abend erreichen. Während ich auf den Ausreisestempel warte, schallt laute Musik über den Fluss, eine wilde Mischung aus Samba, Salsa und Latin-Pop. Die Menschen in den Kneipen am Wasser klatschen sich beim Tanzen Moskitos von den Beinen.

Leticia

Roger Cueva sitzt in seiner Motorradwerkstatt und sieht dem Regen zu, der prasselnd aus schwarzen Wolken bricht. Das Leben steht still in diesen Momenten, ertrinkt für Minuten, wenn das Wasser die Straßen flutet. »Bei uns ist es ruhig«, sagt Roger. Seine Mechaniker schweigen und starren in die Einfahrt. In den achtziger Jahren gab es Probleme mit dem Drogenhandel, sagt Roger, aber das ist vorbei. Guerilla? Nein, sagt er, bei uns nicht. Roger Cueva ist Präsident der amazonischen Triathlonliga.

Draußen hört es so unvermittelt auf zu regnen, wie es angefangen hat. Das Leben geht weiter. Der kolumbianische Krieg findet nicht statt, nicht hier, nicht in Leticia, am südlichen Ende der Republik.

Roger sagt, er werde am Wochenende bei den Präsidentschaftswahlen für Álvaro Uribe Vélez stimmen, Kolumbien brauche eine starke Hand, während er mit der eigenen vage auf die Straße deutet, wo die Mechaniker auf dem nassen, warmen Asphalt knien und an Mopeds schrauben. Jüngste Umfragen sehen den ultrarechten unabhängigen Kandidaten bei 49,3 Prozent, weit vor dem Liberalen Horacio Serpa, dem Meinungsforscher 23 Prozent der Stimmen prognostizieren. In Leticia beschallen seine Anhänger den Ort mit dem aufdringlichen Reim eines kleinen Wahlkampflieds »Le quiere la gente, Serpa Presidente« (die Leute lieben ihn) was so nicht ganz stimmt. Richtig ist, dass die Kolumbianer dem Sechzigjährigen seine Verstrickungen in zahlreiche Korruptionsaffären verübeln.

Mit seinem Slogan »Unidos venceremos« (gemeinsam werden wir siegen) integriert der liberale Kandidat ein pervertiertes Stück Che-Erbe in seinen

Wahlkampf, ebenso wie sein Konkurrent Uribe, der auf Plakaten in einer Pose wirbt, die an das berühmte Porträt des kubanischen Fotografen Korda erinnert: den Kopf leicht zur Seite gedreht, den Blick erhöht in die Ferne gerichtet.

Roger sagt, sein Bruder Alejandro könne mir bei der Suche nach Zeitzeugen helfen, die sich an den Besuch von Ernesto Guevara in Leticia erinnern. Warum er das kann, möchte Roger nicht näher erläutern, ich soll ihn selbst fragen. Alejandro arbeitet in Leticia als Spanischlehrer. Roger vereinbart telefonisch einen Termin mit ihm und steckt mir beim Gehen ein Werbeflugblatt für ein Buch zu: »Liborio ›Leticiano‹ Guzman. Das Leben des größten Fußballspielers des Amazonas«. Sein Bruder ist der Autor des Werks.

Im Lehrerzimmer surrt die Klimaanlage. Alejandro holt einen Ordner mit der Aufschrift »Che Guevara« aus seinem Pult, ein dickes Konvolut, vor allem wegen der vielen Kopien und Übersetzungen eines Artikels, der 1997 in einer brasilianischen Zeitung erschienen ist und über »Ches Zeit in Leticia« berichtet. Zwei Seiten, auf der linken ein großes Foto von einem Mann namens Hector Rojas, der sagt, er habe die Jungs damals durch den Ort geführt. 1997, als sich Guevaras Todestag zum dreißigsten Mal jährte und die Suche nach seinen Knochen im bolivianischen Vallegrande auf Hochtouren lief, suchten Zeitungen rund um die Welt nach Aufhängern, um über den *Guerrillero Heroico* zu berichten.

Alejandro holt tief Luft, bevor er mir die Abschrift eines Telefoninterviews überreicht, das er zu Beginn des Jahres mit Alberto Granado in Havanna geführt hat. »Kopieren kannst du dir das natürlich nicht«, sagt er, »nicht bevor ich es selbst veröffentlicht habe.« Ich werfe einen Blick auf die erste Seite.

»Hallo, Doktor?«

»Ja, hallo?«

»Doktor Granado?«

»Ja, hallo?«

»Hallo, Doktor Granado, wie schön, Sie zu hören.«

»Ja, hallo.«

»Doktor Granado, ich rufe Sie aus Leticia an, erinnern Sie sich an mich? Ich habe Sie schon mal am Freitag angerufen.«

»Ja, hallo.«

»Doktor, ich wollte Ihnen gerne ein paar Fragen stellen.«

»Ja, in Ordnung. Warten Sie einen Augenblick.«

»Ja, Doktor.«

(Pause)

Die Abschrift umfasst etwa fünf Seiten. Als Alejandro mir das Tonband zwei Tage später in der Einfahrt seines Hauses vorspielt, schaut er ernst auf den Kassettenrekorder, aus dem die Frage scheppert, ob er, »Doktor«, sich daran erinnern könne, was sie damals in Leticia gegessen haben. Sein Auftreten steht in merkwürdigem Gegensatz zu seiner vor Aufregung um ganze Tonlagen erhöhten Stimme auf Band. Die wenigen inhaltlich relevanten Fragen des Interviews hat Alberto in seinem Reisetagebuch längst beantwortet, aber Alejandro konnte nicht wissen, dass dieses Tagebuch existiert. Selbst in der größten Buchhandlung Bogotás sind nicht einmal Ernestos »Notas de Viaje« vorrätig.

Im Lehrerzimmer der Schule packt Alejandro seine Unterlagen ein und erwähnt dabei mehrfach, er könne jederzeit nach Kuba fahren, weil er Granado am Telefon gefragt habe, ob es ihm recht wäre, sich im Juni mit ihm zu treffen, also könne er, Alejandro, jetzt jederzeit nach Kuba fahren, wann es ihm gefällt. Immerhin überlässt er mir Albertos Adresse und Telefonnummer in Havanna.

Alejandro sagt, er habe schon den Titel für sein nächstes Buch: »Los 12 días del Che en Leticia«. Nun fängt es schon damit an, dass es gerade mal zehn Tage waren, vom 23. Juni bis zum 2. Juli 1952, und selbst die brasilianischen Journalisten taten sich schwer damit, den Stoff auf zwei Seiten auszudehnen. Alejandro sagt, das sei egal. Im Zweifelsfall werde er die Story einfach mit ein bisschen Fiktion anreichern.

Während in weiten Teilen Kolumbiens der Krieg zwischen Regierungstruppen, Guerilla und Paramilitärs seit dem Abbruch des Friedensdialogs im Februar neu entbrannt ist, liegt eine unheimliche, drückende Stille über Amazonien, dem südlichsten *Departamento* des Landes. Das Militär hat sich aus der Region zurückgezogen, zweitausend Soldaten sind in Leticia stationiert und verlassen die Kasernen selten. Kolumbiens neuer Präsident wird am Wochenende ohne die Stimmen der Dorfbewohner gewählt werden, die im Regenwald an den Seitenarmen des Amazonas leben, wo niemand den reibungslosen Ablauf der Wahlen garantieren kann. Als einziger Kandidat hat Horacio Serpa Leticia besucht, aber das ist ein Jahr her. Die Reise kostet zwei Tage und bringt bestenfalls fünftausend Wählerstimmen.

Für Verhandlungen mit der neuen Regierung haben die Guerilleros der »Fuerzas Armadas Revolucionarias de Colombia« (Farc) unlängst die Entmilitarisierung von Putumayo und Caquetá gefordert, die beiden angrenzenden *Departamentos.* »Warum nicht Amazonien?«, fragt Fernando, bevor er die Antwort sagt und lächelt. »Weil sie Amazonien längst haben. Die Farc kontrollieren den ganzen Regenwald.«

Vor zehn Jahren schickte die Tageszeitung *El Espectador* Fernando Mejía als Korrespondenten nach Leticia. Sein Vorgänger wurde ermordet, nachdem er detailliert über Wege des Drogenhandels im amazonischen Dreiländereck berichtet hatte. Das peruanische Santa Rosa liegt am anderen Flussufer, Tabatinga und Leticia gingen bis zum vergangenen Wochenende nahezu grenzenlos ineinander über. Seit Montag überprüfen brasilianische Soldaten stichprobenartig Papiere und Fahrzeuge. An der Grenze zu Kolumbien wurden die Truppen von bisher fünfhundert auf viertausend Mann aufgestockt, Luftwaffe, Marine und Heer. »Um Guerilla und Waffen aus Brasilien rauszuhalten«, sagt ein Soldat an einer Straßensperre und drückt Fernando ein Flugblatt mit der brasilianischen Flagge und dem Text der Nationalhymne in die Hand.

Es gibt niemanden in Leticia, der Fernando nicht kennt. Während der vergangenen zehn Jahre war er Leiter einer Radiostation, Herausgeber einer Lokalzeitung und kurzzeitig Bürgermeister von Leticia, einer Stadt, in der rund 75 Prozent der 35.000 Einwohner ohne Arbeit sind, wo die Gewalt ein Gesicht zeigt, das keine internationalen Schlagzeilen macht: Väter, die im Drogenrausch ihre Frauen und Kinder halb totprügeln, ein Krankenhaus, in dem die Ärzte pro Woche 15 Vergewaltigungsopfer behandeln.

Fernando ist derjenige, den die Priester aus den Siedlungen in Amazonien anrufen, wenn die Guerilla junge Männer zwangsrekrutiert, derjenige, dem eine Nonne aus Puerto Santander von merkwürdigen Versorgungsflugzeugen berichtet, die täglich bei ihnen landen, mit genügend Lebensmitteln an Bord, um eine ganze Armee damit satt zu kriegen. Würde Fernando über all das schreiben, was er sieht und hört, müsste er Leticia verlassen, wie er andere Gebiete verlassen musste, wenn ihm statt Leserbriefen Morddrohungen zugeschickt wurden. »Aber ich will hier nicht weg«, sagt er, unterwegs auf der Straße nach Brasilien. »Mir gefällt Amazonien, ich fühle mich wohl hier.« Auf die Frage, ob er manchmal Angst habe, antwortet er, was viele sagen: Dass es in diesem Land völlig egal ist, was du tust, du bist ohnehin gefährdet, was soll's also.

Mit Fernandos Moped fahren wir nach Tabatinga, um Hector Rojas zu suchen, und finden ihn in seinem kleinen Laden am Hafen, wo er gebrauchte Kleidung verkauft. Der drahtige 64 Jahre alte Mann verspricht freundlich, nach Ladenschluss in meinem Hotel in Leticia vorbeizukommen.

Die Jungs trainierten in Leticia eine Fußballmannschaft, um ein bisschen Geld zu verdienen, während sie auf das nächste Flugzeug nach Bogotá warteten, das damals nur alle 14 Tage kam. In einem Brief an seine Mutter schreibt Ernesto: »Zuerst wollten wir nur Trainer sein, um uns nicht zu blamieren, sie waren aber so schlecht, dass wir beschlossen mitzuspielen, mit dem glänzenden Ergebnis, dass die als schwächste gehandelte Mannschaft bei einer in aller Schnelle organisierten Meisterschaft ins Endspiel kam und nach einem Unentschieden nur durch Elfmeterschießen verlor.«

Alejandro zitiert Hector in seinem Buch mit den Worten, er sei dankbar nach fünfzig Jahren nun endlich Gelegenheit zu haben, die Dinge richtig zu stellen. Entgegen dem, was der Argentinier in besagtem Brief an seine Mutter insinuiere, verhalte es sich nämlich so, dass die Leticianos ganz hervorragende Fußballspieler seien, der geneigte Leser möge da nur einmal an den Protagonisten des vorliegenden Werks denken.

Hector hat selbst semi-professionell Fußball gespielt, in Kolumbien und Peru, früher. Er war 14 Jahre alt und hatte Sommerferien, als er die Jungs durch die Berge führte, mit ihnen den kleinen Ort von damals dreitausend Einwohnern durchstreifte, angeln ging und von berühmten argentinischen Fußballspielern schwärmte, »der Fußball war eine Religion für sie«. Héctor erzählt sehr lebendig und seine Stimme überschlägt sich, wenn er Fragen heftig bejaht. Die Geschichte vom *Pelazón* habe Ernesto bewegt, sagt er, ein Ritus der *Indígena*, bei dem

Mädchen nach ihrer ersten Menstruation von ihren Familien die Haare ausgerissen werden. Héctor erzählt vom Chinesen, bei dem sie Erdnüsse kauften, die er am Ufer kultivierte. »Er ist dann später irgendwann verschwunden, keiner weiß, was mit ihm passiert ist, wahrscheinlich hat ihn jemand umgebracht.«

Trotzdem, sagt Héctor, sei Leticia damals ein weitgehend friedlicher Ort gewesen, »es gab nicht mal Radios, während der Rest des Landes in Flammen aufging«. Im April 1948 war in Bogotá der Präsidentschaftskandidat Jorge Eliecer Gaitán bei einer Wahlkampfveranstaltung erschossen worden. Bei den darauf folgenden Straßenschlachten, die als *Bogotazo* in die Geschichte eingingen, kamen zahlreiche Menschen ums Leben. Bald erfasste der Konflikt das gesamte Land. »Das Volk begriff die Politik der Reichen nicht«, schrieb der kolumbianische Guerillapriester Camilo Torres, »aber die Wut, die es empfand, weil es nichts zu essen und nichts zu lernen hatte, weil es krank war, kein Dach besaß, kein Land und keine Arbeit, all diesen Groll entluden die liberalen Armen gegen die konservativen Armen und die konservativen Armen gegen die liberalen Armen.« Großgrundbesitzer bewaffneten ihre Untergebenen und schickten sie in einen Bürgerkrieg, der nie beendet wurde.

Am nächsten Morgen fahren wir gemeinsam zum Fußballfeld, auf dem heute das Gebäude der Biblioteca del Banco de la República steht, ein heller moderner Bau. Héctor sagt, das Grundstück sei damals gegen den Protest der Bevölkerung verkauft worden. Die *Cancha* war ein sozialer Treffpunkt. Das neue Stadion liegt weit außerhalb des Zentrums. Als ich die Kamera auf ihn richte, sinkt Héctor zwischen zwei Palmen im Garten in die Fußballgruppenbildposition.

Seit Montagmittag ist Leticia ein Stück weiter

vom Rest der Welt entfernt. Die Telefone sind tot. In den Abendnachrichten berichten sie über die Explosion einer Autobombe auf einer Brücke über den Río Cauca in Antioquia, bei der Leitungen der kolumbianischen Telecom zerstört wurden. Über die Zahl der Opfer gibt es in den Medien widersprüchliche Angaben. Leticia bleibt zwei Tage lang ohne Verbindung zur Außenwelt.

»Mano fuerte, corazón grande« – starke Hand, großes Herz. Die Anhänger von Uribe Vélez lassen den Slogan und die Bilder ihres Hände schüttelnden Präsidentschaftskandidaten in einer Endlosschleife über die Bildschirme im Wahlkampfbüro laufen. Seit er im März in Barranquilla nur knapp einem Bombenanschlag entgangen ist, tritt Uribe selten in der Öffentlichkeit auf. Fernando hat ihn für die Lokalzeitung vor Monaten am Telefon interviewt. Ein Soldat, der lächelt und Fragen unbeantwortet lässt, bewacht das Büro, in dem sich die Helfer am Abend versammeln. Ein Uribe-T-Shirt kostet zehntausend Pesos, Uribe-Poster gibt es umsonst, ebenso sein »demokratisches Manifest« mit hundert Punkten, darunter sein Vorhaben, die Zahl der kolumbianischen Berufssoldaten zu verdoppeln.

Uribe sprach schon von Krieg, als die Konfliktparteien noch auf weißen Plastikgartenstühlen in Los Pozos saßen und über den Frieden verhandelten. Seiner Familie werden Verbindungen zu den Drogenkartellen nachgesagt. Die Paramilitärs, die sich mit ihrem euphemistischen Namen Autodefensas Unidas de Colombia (AUC) auf Selbstverteidigung berufen und für einen Großteil der Massaker an der Zivilbevölkerung verantwortlich sind, unterstützen Uribes Kandidatur.

Manuel Arias sitzt im Park mit ein paar Freunden im Schatten vor einem Wandbild des mutmaßlichen Regierungschefs. Die *Cachaça*-Flasche ist leer, aber sie kann nicht voll gewesen sein. Manuel klingt ziemlich nüchtern, als er auf seine Tasche mit den Brötchen zeigt und sagt, dass er los müsse, um sie auf dem Markt zu verkaufen, um Geld für seine beiden Töchter zu verdienen, die er allein erzieht, zwei von acht Kindern. Die ältesten sind aus dem Haus. »Ich will, dass sie anständige Mädchen werden«, sagt Manuel. Er findet keine feste Anstellung.

»Bogotá hat uns vergessen«, sagt er. »Was mit uns in Leticia ist, interessiert sie nur, wenn Wahlen sind, und hinterher stopfen sie sich doch alle die Taschen voll, egal wer gewählt wird. Die sind alle korrupt.« Manuel lacht, schüttelt den Kopf, steht auf und nimmt seine Tasche mit den Brötchen in die Hand. Er sagt, Kolumbien soll seinen Präsidenten am Sonntag ohne ihn wählen.

Bogotá

Es heißt, Alfonso López Michelsen habe 1978 die letzten drei Monate seiner Amtszeit als Präsident Kolumbiens auf einer der Islas del Rosario vor der Küste Cartagenas zugebracht, sich dem Alkohol hingegeben und im Schatten erklärt: »Es ist unmöglich, dieses Land zu regieren.« Dem Vernehmen nach hält sich der scheidende Präsident Andres Pastrana dieser Tage in der Hauptstadt auf. Ihm bleiben drei Monate im Amt, aber es gibt wenige Menschen in Kolumbien, die heute noch bereit wären, mit ihm anzustoßen.

Fotos, die Pastrana in freundschaftlicher Umarmung mit Manuel Marulanda zeigten, dem Chef der mächtigsten kolumbianischen Rebellenarmee, verhalfen dem Kandidaten der Liberalen Partei vor vier Jahren zum Sieg bei den Präsidentschaftswahlen. An der Größe der damals erweckten Hoffnungen auf Frieden bemisst sich die Tiefe seines Falls, nach endlosen Verhandlungsrunden in der »entmilitarisierten Zone« ohne greifbare Ergebnisse, nach dem vollständigen Abbruch der Friedensgespräche zwischen Farc und Regierung im Februar. Seit drei Monaten tobt der Konflikt erneut an allen Fronten.

An einem Wochenende im Mai, als die Mehrheit der wählenden kolumbianischen Minderheit Álvaro Uribe Vélez zum neuen Präsidenten kürt, stirbt die vorerst letzte Hoffnung auf ein baldiges Ende der allseitigen Feindseligkeiten. In der Nacht zum Tag, den die Medien als Feuerprobe bezeichneten, hatte es in Bogotá geregnet. Das Licht der Straßenlaternen glänzte auf den schwarzen Helmen der Policia Militar. Im Fernsehen rief ein Sprecher der Streitkräfte die Bevölkerung auf, der Polizei verdächtige Vorgänge zu melden. Fünfzehn Autobomben wurden an diesem Samstag entschärft, einige explodierten.

Uribe Vélez sieht aus wie ein groß gewordener Junge mit Seitenscheitel, den in der Schule niemand mochte, ein Mann, der sich zu jedem Lächeln zwingen zu müssen scheint. Seine Frau hatte Journalisten gegenüber gesagt, wenn sie nicht mit Uribe verheiratet wäre, würde sie den Kandidaten der Linken, Luis Eduardo Garzón, wählen. Uribes Vizepräsident hatte Journalisten gegenüber gesagt, wenn er nicht als Uribes Vizepräsident kandidierten würde, würde er Luis Eduardo Garzón wählen. Im Hotel sagt der Nachtportier, nachdem die Wahllokale geschlossen haben, er sei gegen diesen Krieg, weil mit Gewalt noch kein Konflikt gelöst worden sei, weil ein Krieg gegen eine Rebellenarmee dieser Stärke nicht zu gewinnen sei. Dann sagt er, dass er Uribe gewählt hat.

Frieden wollen und Uribe wählen, das ist der leitmotivische Widerspruch, der den ultrarechten Kandidaten im ersten Wahlgang gewinnen ließ, und es lässt erkennen, dass sich hinter dem Mehrheitsvotum eine Verzweiflungstat verbirgt. Uribe setzt auf eine bewaffnete Bevölkerung, obwohl seit Jahren jeder Geldautomat mit Maschinengewehr bewacht wird, Mittel- und Oberschicht in selbst gebauten Gefängnissen mit Portiers leben und Geschäftsleute sich mit privatem Sicherheitspersonal umgeben, obwohl Kolumbien dennoch seit Jahren die internationale Kriminalitätsstatistik anführt, obwohl Uribes Konzept während seiner Amtszeit als Gouverneur schon einmal so blutig ausging, dass bewaffnete so genannte Selbstverteidigungsgruppen in der Provinz Antioquia aufgelöst werden mussten. Obwohl Kolumbien schon heute all jenen ein warnendes Beispiel sein müsste, die behaupten, aus sozialer Ungleichheit resultierende Gewalt ließe sich allein mit Gegengewalt bekämpfen.

Die Jungs blieben nur wenige Tage in Bogotá. Ernesto hatte sich mit der Polizei angelegt, weil er nicht auf sich beruhen lassen wollten, dass ihnen auf der Straße willkürlich ein kleines Messer abgenommen worden war. »Kolumbien ist von allen Ländern, die wir bereist haben, dasjenige, wo die individuellen Freiheitsrechte am meisten unterdrückt werden«, schreibt Ernesto an seine Mutter. »Die Erinnerung an den 9. April 1948 liegt wie Blei auf allen Gemütern, kurz und gut, ein beklemmendes Klima. Wenn die Kolumbianer weiter damit leben wollen, ist das ihre Sache, wir machen uns so schnell wie möglich aus dem Staub.«

Ernesto und Alberto erreichten Carácas per Anhalter. Fünfzig Jahre später werden die meisten Landstraßen Kolumbiens von Guerillagruppen oder Paramilitärs und schlimmstenfalls von beiden kontrolliert, was eine Reise am Boden unter Umständen lebensgefährlich macht.

Das Fernsehen strahlt Werbespots aus, mit denen Regierungsinstitutionen für Respekt und Frieden werben. In der Zeitung inserieren Transport- und Gesundheitsministerium zusammen mit der Nationalpolizei: »Ich bin am Leben – dank Ihnen. Danke, dass Sie den Wert des Lebens verinnerlicht haben. Im vergangenen Jahr starben 475 Kolumbianer weniger als im Vorjahr.«

Vielleicht ist im horrenden Preis, den Kolumbien in den kommenden vier Jahren für seine Wahl zahlen wird, wenigstens die Bildung einer Opposition enthalten, die den Namen verdient. Luis Eduardo Garzón, der bei den Präsidentschaftswahlen mit seinem Linksbündnis auf dem dritten Platz landete, hat sowohl das Format als auch die Glaubwürdigkeit, um zu einem ihrer Wortführer zu werden, eine wichtige Position, eine gefährliche auch. Kaum ein linker *Líder* hat in Kolumbien lange überlebt: Jorge Eliécer Gaitán nicht, Luis Carlos Galán nicht – Präsidentschaftskandidat, der 1989 bei einer Wahlveranstaltung in einem Vorort Bogotás erschossen wurde.

Es würde wahrscheinlich reichen, ein prinzipiell guter Mensch zu sein, um nicht zu wollen, dass Luis Eduardo Garzón stirbt, aber das wäre nicht dasselbe. Der Fünfzigjährige stammt aus Verhältnissen, die man einfach nennt. Das Geld für sein Studium verdiente der Sohn einer allein erziehenden Mutter auf Golfplätzen als Caddy. Als Gewerkschafter saß er wegen »subversiver Aktivitäten« mehrfach im Gefängnis und bezeichnet sich als einen der wenigen Überlebenden der Unión Patriotica, einer Gruppe von Farc-Sympathisanten, die sich 1986 zur legalen Partei formierten und an den Wahlen teilnahmen. Innerhalb der ersten drei Monate ihres Bestehens wurden dreihundert Mitglieder ermordet, von Paramilitärs und bezahlten Todesschwadronen. Die Zahl der Opfer ist bis heute auf etwa viertausend angestiegen, ein Verrat, der das Vertrauen der Guerilla in Zusagen der Regierung bei Friedensverhandlungen nachhaltig erschüttert hat.

Die Mehrheit der wählenden Kolumbianer scheint den Glauben an die Wirksamkeit von Friedensverhandlungen verloren zu haben, obwohl die vergangenen vier Jahre lediglich beweisen, dass der, der sie initiierte, keinen Erfolg damit hatte. Garzón war nach der Entführung der Präsidentschaftskandidatin Ingrid Betancourt im Februar der Einzige, der sich vorbehaltlos für die Fortsetzung des Dialogs einsetzte, und er war der Einzige, der die Voraussetzungen besaß, ihn zu führen. Eben jene Voraussetzungen sind es, die sein Leben gefährden, weil es zu viele Menschen gibt, die vom kolumbianischen Konflikt profitieren.

Er spricht ein wenig schlampig, mit rauer Stimme, ignoriert Wortbestandteile und schluckt Endungen, lacht selten, lächelt mit viel Wärme und Charme. Er trägt keine Krawatten, den Rest meist in

Grautönen. Garzón gewinnt Sympathien ohne aufdringliches Werben, so dass man irgendwann selbst beginnt, die Tür im Auge zu behalten und um sein Leben zu fürchten, wenn er den Raum verlässt, ein Gefühl, das aufs Erschütterndste jeder Sentimentalität entbehrt, weil der Gedanke so nahe liegt.

Es war früher Sonntagabend, als Garzóns Wahlparty im 17. Stock eines Hotels im Zentrum Bogotás zu Ende ging. Ein paar Helfer aus seiner Jugendkampagne tanzten zur Musik einer Band, die Cumbia spielte, und ihre Ausgelassenheit wirkte trotzig. Als eine heiße Kameraleuchte ein paar Luftballons zum Platzen brachte, zuckten sie kurz zusammen und schauten in seine Richtung, während der Kandidat nach seiner Danksagung umarmend und umarmt zum Ausgang lief. Garzón drehte sich zu ihnen um und lächelte.

Bevor der Aufzug mit denjenigen, die im 17. Stock niedergeschlagen über die nicht erreichten Wählerstimmen diskutiert hatten, das Erdgeschoss erreichte und sich die Metalltüren öffneten, sagte einer: »Sie haben ihn nicht umgebracht. Das ist das Wichtigste.«

Carácas

In der Hauptstadt trennten sich die Wege der Jungs nach sieben Monaten gemeinsamer Reise: Alberto blieb, um in einem Lepra-Krankenhaus nahe Carácas zu arbeiten, Ernesto sollte nachkommen, sobald er sein Studium in Buenos Aires abgeschlossen haben würde. »Alberto fehlt mir außerordentlich«, schreibt er. »Ich fühle mich jedem nur denkbaren Angriff ausgeliefert. Alle Augenblicke schießt mir irgendeine Beobachtung durch den Kopf, die ich ihm mitteilen will, und dann wird mir seine Abwesenheit wieder bewusst.« Über den Abschied selbst berichtet Alberto: »Nach so vielen Monaten fällt die Trennung schwer. Wir versuchen beide, unsere Traurigkeit nicht in Worte zu fassen, aber die Trennung ist auf jeden Fall nur eine zeitweilige. Ich weiß, dass wir uns bald wiedersehen werden …« Mit diesen Worten endet sein Tagebuch. Bis zum nächsten Wiedersehen vergingen sieben Jahre.

Am 26. Juli 1952 stieg Ernesto in Carácas in ein Flugzeug, das Rennpferde nach Miami transportieren und anschließend nach Argentinien fliegen sollte. Wegen eines Maschinenschadens verzögerte sich die Weiterreise in Florida jedoch um einen Monat. Ernestos Vater beschreibt im Nachwort der »Notas« den Tag, an dem sein Sohn nach Buenos Aires zurückkehrte: »Ich stand auf der Terrasse, winkte und rief ihn aus Leibeskräften. Er hörte den Ruf, konnte aber nicht feststellen, woher er kam. Ich weiß noch, mit welch lachendem Gesicht er uns begrüßte, als er uns am Geländer der Dachterrasse des Flughafengebäudes entdeckte. Es war schon September 1952.«

Nach drei Stunden Schlaf quäle ich mich in Bogotá aus dem Bett und muss mit einem Taxifahrer zum Flughafen fahren, der Uribe gewählt hat. Die verschärften Sicherheitskontrollen gehen mir auf die Nerven. Hätten sie doch einen anderen zum Präsidenten machen sollen. Der Flug hat zwei Stunden Verspätung. Nach der Landung schaffe ich es irgendwie bis in ein Hotel in Sábana Grande, im Zentrum von Carácas, lasse mich aufs Bett fallen und starre eine lange Weile an die Zimmerdecke. Eine Stunde später fühle ich mich in der Lage, die Fernbedienung zu betätigen.

Das Fernsehen überträgt eine Ansprache des venezolanischen Präsidenten Hugo Chávez. Er nimmt zu den Unruhen Stellung, die Putsch und Gegen-Putsch im April vorausgingen, lässt Videos einspielen, zurückspulen, vorspulen, hält leidenschaftliche Plädoyers und wirkt dabei weniger demagogisch als amüsant. Ein Brite, der seit Jahren in Venezuela lebt, erzählt mir später am Flughafen, Chávez sei für seinen nonprotokollarischen Charme bekannt. Bei einem Staatsbesuch drückte er die Königin von England an sein Herz, statt sich vor ihr zu verneigen, den russischen Kampfsportler und Präsidenten Vladimir Putin begrüßte er mit einer spaßigen Kung-Fu-Einlage.

Als ich am Nachmittag vor die Tür gehe und durch die lauten schwitzenden Straßen von Carácas laufe, begreife ich zum ersten Mal, dass ich angekommen bin. Am Ende einer 12.485 Kilometer langen Reise durch einen Kontinent, von dem es in diesen Monaten in den Medien heißt, er drohe in Flammen aufzugehen. Die Wahrheit ist, dass er nie aufgehört hat zu brennen.

Wie Eindrücke, die Gewissheiten in Frage stellen, Menschen verändern, hängt von den Biografien ab, in die sie fallen, sowie vom Rahmen, den das historische Umfeld bildet. Viele Projekte, die vor fünfzig Jahren vielversprechend schienen, sind gescheitert, was die Suche nach Handlungsoptionen erschwert.

Jeder, der Lateinamerika bereist, sieht sich vor dieses Problem gestellt. Aber es gibt Strategien, um den Konsequenzen daraus zu entweichen: sich im Mitleid Absolution zu verschaffen, den Kontinent als das exotisch Andere zu imaginieren, das Erlebte allein zur individualistischen Selbstfindung zu missbrauchen.

Zu reklamieren, dass der Weg in die Berge verstellt ist, gilt nicht. Dafür sind die Pfade zu vielfältig, die sich im Alltag, im Hier und im Jetzt auftun.

La Habana

Eine Spurensuche muss fünfzig Jahre später in Havanna enden, im Stadtteil Miramar, wo Alberto Granado lebt. »Du müsstest ihn mal erzählen hören«, hatte Camilo gesagt. Dann war sein Lachen in Stille verebbt, vielleicht weil ihm klar war, dass er von einer Unmöglichkeit sprach. Camilo Guevara March, Ches ältester Sohn, hatte mich schon vor Monaten darauf hingewiesen, dass es schwierig sein würde, mit Alberto zu sprechen: Der Achtzigjährige steht unter Vertrag mit einem Team um Robert Redford, der die Filmrechte am Reisetagebuch gekauft hat. Das Taxi nach Miramar kostet drei Dollar fünfzig.

Sein Haus liegt auf der linken Straßenseite, ein weißes Gebäude, von Bäumen gerahmt. Der schwarze runde Klingelknopf trägt keinen Namen. Ein junger Mann öffnet die Tür.

»Ist das hier das Haus von Alberto Granado?«

»Ja?«

»Ist er zu Hause?«

»Ja, weshalb?«

Ich erkläre ihm, dass ich Journalistin bin und gerade von der gleichen Reise komme, die Alberto, sein Großvater, vor fünfzig Jahren gemacht hat.

»Komm rein.«

Wir küssen einander zur Begrüßung auf die Wange, wie die meisten Menschen auf Kuba einander zur Begrüßung küssen, wenn sie zuvor drei Worte miteinander gewechselt haben.

Das Haus muss vor der Revolution wohlhabenden Leuten gehört haben, wie so viele in Miramar. Immobilien von Besitzern, die die Insel verließen, wurden neu zugewiesen. An der Stirnseite der Eingangshalle hängt ein Schwarzweißporträt Ernestos, eines der bekannteren, als er schon Che war und Revolutionär. Eine breite Treppe führt in den ersten Stock.

Der Enkel lässt mich in einem tiefen Sessel Platz nehmen. »Warte bitte einen Moment.« Er geht die Treppe hinauf.

Wenige Minuten später erkenne ich den nackten, leicht gekrümmten Rücken Albertos zwischen den Geländerstreben. Er hat Mühe, die Stufen zu nehmen, und man merkt, dass er sich vorgenommen hat, sich diese Mühe nicht anmerken zu lassen. Er trägt karierte Bermudashorts, seine Haut ist von Pigmentflecken übersät, eine Mischung aus Sonne und Alter.

Ich stehe auf, um ihn zu begrüßen, und erschrecke, als ich in sein Gesicht sehe, eine Wand aus Misstrauen und Widerwillen. Wir belassen es beim Händedruck.

Er ist sehr klein, reicht mir bis zur Schulter. Ich erzähle ihm, dass ich gerade von der Reise komme, ihrer Reise, dass ich mehr als 16.000 Kilometer auf Spuren unterwegs war, die auch seine sind. Mit jedem Satz suche ich nach einem Lächeln, wenigstens in seinen Augen, aber er scheint nur eine Pause in meinem Vortrag abzuwarten. Als er sie findet, erklärt er noch in der Eingangshalle, dass ich umsonst nach Havanna gekommen sei. Er habe Verpflichtungen, den Filmleuten gegenüber. Ich hole erneut tief Luft, dann bittet er mich ins Wohnzimmer, weil die Sessel in der Halle zu niedrig für ihn sind.

Ich räume ein, dass ich von dieser Vereinbarung wusste, es aber dennoch wenigstens versucht haben wollte, weil man nicht aufgeben darf. Granado sieht mich gleichgültig an.

»Du hättest vorher anrufen sollen, dann hätte ich es dir schon am Telefon gesagt.«

Granado sagt, er schreibe gerade einen Brief und habe um halb eins eine Verabredung mit argentinischen Freunden, um die Lage im Land zu besprechen, die sehr angespannt sei. Während ich mich noch frage, warum er glaubt, mir das erklären zu müssen, nachdem ihre und damit auch meine Route in Argentinien begonnen hat, legt er nach. Er könne überhaupt gar nichts für mich tun, das heißt, ein Glas Wasser anbieten könne er, »bevor du gehst«. Ich erwidere, dass ich das Wasser lieber gegen ein Telefonat tauschen würde, um ein Taxi zu rufen. Überhaupt kein Problem, sagt Granado, aber im Grunde könnte ich auch einfach die 68 runterlaufen und an der Ecke warten, bis eines vorbeikommt. Unterdessen bewegt er sich langsam in Richtung Tür. Wir reichen uns die Hand zum Abschied.

Mir war klar gewesen, dass ich nach Miramar fahren würde, um mir von Alberto Granado persönlich sagen zu lassen, dass er keine Interviews gibt. Es war nicht der Inhalt, sondern der Ton, der meine Wut auf dem von ihm beschriebenen Weg wachsen lässt, bis ich mir mit der Faust in die linke Handfläche schlage und noch wütender werde, weil es mehr weh tut, als es sollte.

Kein freies Taxi weit und breit, natürlich. Kein Mensch steht auf dieser Höhe am Straßenrand und hält die Hand in den Verkehr. Irgendwann erbarmt sich ein Angestellter und nimmt mich im Transporter seiner Firma mit bis zur 18 – fünfzig Straßen Zeit. »Ich kann dir nicht sagen, was für eine Scheißwut ich auf Alberto Granado habe«, sage ich ihm, und: »Ich meine, es ist ja völlig in Ordnung, dass er nicht mit mir reden wollte, verstehst du, von wegen Redford, schon klar, aber hätte er das nicht wenigstens freundlich sagen können? Hm? Ein bisschen charmant? Was?«

Der Angestellte sieht mich lächelnd von der Seite an. Wahrscheinlich weiß er nicht, von wem ich überhaupt spreche. Dann fragt er, ob alle Frauen in Deutschland grüne Augen haben.

»*Hasta la victoria*, manchmal.«

Dank
»Bemerkungen am Rande«

Viele gute Menschen haben im Vorfeld und Verlauf meiner Reise zum Gelingen dieser Spurensuche beigetragen, zu viele, um jeden einzeln beim Namen zu nennen. Ich danke Thilo, meiner Familie und meinen Freunden in Deutschland, Carlos Figueroa und Sergio Insaurralde in Argentinien, Carlos Vega Pizarro und Pablo Dittborn in Chile, José Rodriguez Ramos in Peru, Constanza Vieira in Kolumbien sowie meinen Freunden Julio und Natacha in Kuba.

Besonders danken möchte ich einem argentinischen Ehepaar, dessen Name mir nicht bekannt ist. Der Mann stand kurz vor seiner Abreise nach Spanien, wo er mit seinem Sohn eine neue Existenz aufbauen wollte. Die Frau sollte in ein paar Monaten nachkommen, wenn ihre Tochter das erste Enkelkind der beiden zur Welt gebracht hätte. An jenem Nachmittag wollte das Ehepaar die Mutter des Mannes besuchen. Sie war alt und würde die Rückkehr ihres Sohns nach Argentinien wahrscheinlich nicht mehr erleben.

Ich begegnete den beiden am Bahnhof von Don Bosco, einem südlichen Vorort von Buenos Aires. Ein Junge hatte mir im Abteil meinen Rucksack gestohlen und war damit aus dem gerade anfahrenden Zug gesprungen. In einem Anfall von Verzweiflung und Größenwahn sprang ich ihm hinterher und hatte Glück, dass ich mir beim Aufprall nur den Rücken schrammte und den Kopf aufschlug. Der Junge mit dem Rucksack war weg. Die Wunde blutete stark.

Das argentinische Ehepaar, das gerade in dem Augenblick im Auto am Bahnhof vorbeifuhr, als ich aus dem Zug sprang, hielt an, zog mich in den Wagen und brachte mich ins Krankenhaus. Die beiden warteten zwei Stunden lang auf mich, während ich untersucht, geröntgt und genäht wurde, während eine Krankenschwester für mich die Notfallnummer für Kreditkartendiebstahl in Erfahrung brachte und mir der Röntgenspezialist eine Zigarette zuschob, lächelte und sagte: »Für später, wenn's dir wieder besser geht.« Obwohl ich mehrfach darauf hinwies, dass ich krankenversichert bin, wollten die Ärzte kein Geld für die Behandlung in Rechnung stellen.

In einer Pizzeria am Bahnhof hatte jemand mein Adressbuch abgegeben, aus dem der Dieb die Seiten gerissen, aber nicht gestohlen hatte. Ich saß auf der Rückbank des Wagens, ordnete die kleinen Papiere, um etwas mit meinen zitternden Händen anzufangen, stammelte Worte des Danks, die mir furchtbar klein und ungenügend erschienen. Der Mann beobachtete mich im Rückspiegel. Dann sagte er: »Ich habe eine Tochter, die ungefähr in deinem Alter ist, weißt du? Und ich wünsche mir, dass auch ihr jemand hilft, wenn sie an irgendeinem fremden Ort ist und Hilfe braucht.«

Am Tag, an dem ich Buenos Aires verließ, erzählten mir zwei Busfahrer vom Überfall auf eine junge Frau im Zug von Buenos Aires nach Quilmes, dieselbe Strecke. Die Diebe waren zu viert. Als sie sich wehrte und versuchte, ihre Tasche zu verteidigen, stießen sie die Diebe aus dem fahrenden Zug. Als man die junge Frau fand, war sie bereits tot.

Ich bin später noch einmal mit dem Zug nach Don Bosco gefahren, zusammen mit Sergio, um zu verhindern, dass sich die Angst festsetzt. Ich hätte nicht fahren müssen. »Es gibt viele Menschen, die in diesem Zug überfallen werden«, sagte Sergio, »aber siehst du? Das ist der Unterschied: Sie müssen den Zug wieder nehmen, weil sie sich keine anderen Transportmittel leisten können, auch wenn sie Schiss haben, an jedem Zahltag, mit dem bisschen Geld in der Tasche, das sie verdienen.« Menschen, die unter Verhältnissen leiden, die Gewalt entstehen und Solidarität verkümmern lassen.

Dieser Bericht ist denen gewidmet, die keine Wahl haben.

Einige der in diesem Buch enthaltenen Texte sind im Feuilleton und auf der »Seite 3« der *Frankfurter Rundschau* erschienen.

Die Zitate von Ernesto Guevara und Alberto Granado sind folgenden Quellen entnommen:

Ernesto Che Guevara: Latinoamericana. Tagebuch einer Motorradreise 1951/52, Köln, Kiepenheuer & Witsch, dritte Auflage 1998 (1994).

Alberto Granado: Mit Che durch Südamerika. Reisebericht, Köln, Verlag Pahl-Rugenstein; Weltkreis, 1988.